视频号+

从0到1玩转微信短视频

祝福 青木 九姑娘◎著

机械工业出版社
CHINA MACHINE PRESS

视频号未来会长成什么样？视频号会不会做成下一个抖音、快手？打通微信生态的视频号，对个人和企业来说意味着什么？视频号作为腾讯推出的一款战略级产品，内嵌于12亿用户的微信之中，补齐了微信在视频化内容上的最后一块版图。朋友圈、公众号、微信群、直播、小程序商城、搜一搜、看一看等，这些原本分散在微信生态各处的产品组件，通过"视频号"全面打通，让微信生态里的所有产品一起形成了一张网，互相之间有连接。视频号正在加速腾讯自身社交、内容、商业的循环。本书从"视频号+"的角度系统阐述了视频号的趋势和未来，以及个人和企业如何高效率布局视频号、如何做好视频号的运营和商业变现、如何落地微信私域电商、如何通过视频号打造个人IP，进行详细的讲解，以帮助读者站在战略的高度看清楚视频号，在战术和执行的层面抓住视频号的时代机遇。

图书在版编目（CIP）数据

视频号+：从0到1玩转微信短视频／祝福，青木，九姑娘著．—北京：机械工业出版社，2021.2
ISBN 978-7-111-67462-7

Ⅰ.①视…　Ⅱ.①祝…②青…③九…　Ⅲ.①网络营销　Ⅳ.①F713.365.2

中国版本图书馆CIP数据核字（2021）第020229号

机械工业出版社（北京市百万庄大街22号　邮政编码100037）
策划编辑：坚喜斌　　　　　责任编辑：坚喜斌　刘林澍
责任校对：赵　燕　樊钟英　责任印制：孙　炜
北京联兴盛业印刷股份有限公司
2021年2月第1版·第1次印刷
145mm×210mm·7.5印张·1插页·173千字
标准书号：ISBN 978-7-111-67462-7
定价：69.00元

电话服务　　　　　　　　　　网络服务
客服电话：010-88361066　　　机　工　官　网：www.cmpbook.com
　　　　　010-88379833　　　机　工　官　博：weibo.com/cmp1952
　　　　　010-68326294　　　金　书　网：www.golden-book.com
封底无防伪标均为盗版　　　　 机工教育服务网：www.cmpedu.com

前　言

微信视频号从 2020 年 1 月开启内测，密集更新，势头凶猛。2020 年 6 月张小龙高调地发了一条朋友圈，宣布微信视频号日活用户已经突破 2 亿，看得出他对微信视频号接下来的发展充满信心。这个数字也提醒了整个移动互联网行业，已经被所有人习以为常的微信，是一个多么可怕的庞然大物！它所能造就的势能仍旧不可估量。

视频号的出现，让短视频平台呈现三足鼎立的局面。2020 年短短 9 个月的时间里，视频号就完成了其他短视频平台几年的探索和发展。内容、流量、商业化，微信一改过去小步慢跑的谨慎节奏，成长速度超过了所有人的想象。在倾注大量资源后，视频号绝对称得上是微信的又一款战略级产品。

微信月活数已突破 12 亿，这不仅是 12 亿个独立个体，更是 12 亿个用户相互连接而成的社交生态，其基础的连接方式包括朋友圈、社群、公众号、小程序、企业微信、视频号等。对微信而言，微信连接的海量用户及其所关联的无限创新与创造，才是微信潜力的来源和价值所在。

从产品设计上看，视频号入口在朋友圈下方，是微信功能中的一级入口。入口即流量。每天有 7.8 亿人进入朋友圈，朋友圈每天曝光量达 100 亿次，朋友圈是微信最大的流量入口，这也显示出微信对视频号的重视程度。视频号相当于在微信中内置了一个"短视频平台"，内嵌的视频号或许是微信发力短视频的一个最好的方式，流量无须转化，从微信到视频号的链条越短，发展越顺利。

微信几乎已经覆盖了互联网产品的所有主流领域，从支付到游戏，从图文到短视频，再到电商购物、打车、理财、医疗、生活服务、短内容社区等。也就是说，如果用户的手机上只能保留一个软件，那必然是微信，一个微信差不多就能满足用户的绝大部分需求。在去中心化的微信生态面前，我们对于天天都在使用的、习以为常的微信，绝大多数人都认为它"只是个熟人通信工具"，而没有深刻理解拥有12亿用户、生态越来越完备的微信生态系统，本身已经构成了一个"独立的完整的互联网世界"，即"微信互联网"。微信不仅仅是连接人与人的工具，更成为移动互联网的基础设施，连接着人与人、人与内容、人与服务、人与产业。

"记录真实生活"的视频号，提供的是可视化的"具象信任"，比过去图文时代的"抽象信任"更加便捷、更有效率。视频号更像是个人和企业的一张超级名片，它是一个快速提升影响力的放大器，它的潜力就在于它和微信生态其他能力的连通。

视频号就是冲锋号！视频号可能是未来5到10年里我们所能遇到的最后一次互联网流量重新分配的机会，更是大时代下的普通个体、平民崛起的最佳机会！

本书重点对视频号的发展趋势、基础操作、平台算法、运营策略、私域社群运营和实操、视频号商业变现模式、视频号IP打造、微信私域电商，尤其是"视频号+"的巨大商业价值做了详细的讲解。

我们在视频号经过一年的迭代升级，"主体框架"已经基本确定之际写作本书，阐述最新的观点、方法和操作，希望这本书能够帮助广大读者朋友更全面、更及时地了解和学习视频号、把握住视频号的时代机遇，成就更美好的未来。

感谢所有为本书提供案例支持的视频号博主朋友们。

感谢肖逸群老师、潘幸知老师、弗兰克老师、帽子哥凯德、郑俊雅老师、丁丁老师在百忙中抽出时间，为本书撰写推荐语。

感谢机械工业出版社的工作人员，尤其是本书的编辑老师们，这本书从策划到最终发行，出版社的同仁们都给予了很多专业的建议。

目前，视频号平台依旧在不断迭代升级和完善之中，书中难免存在疏漏和不足之处，欢迎广大读者/专家对本书的不足之处提出批评和建议。

目 录

前言

第 1 章　迎接新风口，抓住视频号红利　001

微信视频号，短视频风口下的新赛道　002
先来梳理一下微信视频号产品功能的迭代和更新　003
微信官方对视频号的介绍（2020 年 3 月版本）　004
视频号官方强调的五个重点　004
微信为什么要做视频号　005
嫁接视频号，微信将迎来商业发展的"第二春"　007

微信视频号，撬动微信生态的红利杠杆　010
为什么所有社交产品，最后都会以"我们加个微信吧"结束　011
视频号的本质是以微信生态的力量对纯短视频平台的升维打击　012

去中心化的微信私域电商正在开启全新商业文明　014
针对流量困境，腾讯提出".com 2.0"的私域业态　014
私域流量才是真正的护城河　015
私域业态：让流量变"留量"　018
什么是微信私域电商　019
微信小程序已逐渐成为微信私域电商的标配　020
"视频号 + 直播 + 小程序商城"，微信私域电商正在加速　022

微信视频号与抖音、快手的区别在哪里	026
视频号用户年龄偏大	027
微信视频号是要做下一个抖音吗	027
视频号是超级名片,人本身就是最好的内容	028
视频号是内嵌式的	030
视频号是双螺旋算法	030
视频号的算法推荐	032
视频号的商业变现路径更短	034

微信视频号风口期,我们如何把握先机	035
我的视频号的运营经历和思考	035
视频号头部博主是怎么做的	035
如何把握视频号的先机	039
视频号给企业和实体店带来的机遇更大	043

第 2 章
创建视频号,打通微信生态指南

047

创建视频号,注册及认证指南	048
如何打开和关闭视频号	048
如何创建自己的视频号账号	050
视频号的认证类型与步骤	054

视频号的作品发布与管理	060
视频号如何上传和发布作品	060
视频号上线作品的内容标准	062
发布功能的四个价值拆解	065
如何创建新位置	068

如何删除和管理视频号作品	072
删除视频号作品的步骤	072
视频号作品上传后的管理操作	072
视频号平台更新攻略	075

玩转视频号的进阶指南	078
玩转视频号直播	078
玩转微信小商店	085
玩转小程序直播	089
玩转视频号助手	096
玩转视频号的剪辑 App 清单	102

第 3 章
视频号 + 私域社群引爆势能
109

如何借助视频号引爆私域流量	110
什么是私域流量	111
从公域流量走向私域流量	111
"视频号 +"助力社群私域增长	114
如何借助视频号打造群主 IP	119
什么是社群类 IP	119
"视频号 +"如何打造群主 IP	120
如何借助视频号激活微信社群	126
激活社群的五种玩法	127
"视频号 + 社群运营"的五种玩法	130
如何借助视频号倍增社群势能	134
什么是社群势能	135
社群势能的价值	136
视频号如何玩转社群势能	137
如何借助视频号裂变活动运营	141
活动运营的价值	141

如何筹备线下活动	142
视频号+活动运营	144

如何借助视频号拉动社群变现 146
视频号的变现入口	146
社群变现产品规划	150

第 4 章 视频号如何打造个人 IP

159

IP 的定义和价值 160
IP 的定义——自带流量的人格	160
品牌和 IP 的区别	161
IP 的价值	163

传播学的原理和 IP 的本质 164
媒介即人的延伸	164
营销=传播	165
传播的定义	167
视频号传播的 5W 模式	168
让视频号营销的效率提升一百倍的方法	169
传播不是覆盖，而是穿透	170
标签为王、内容为后	171
IP 的本质	173
对打造 IP 理解上的误区	177

视频号打造 IP 的三步走战略 177
打造个人 IP 我总结了三步走战略	178
视频号 IP 打造：真人出镜，事半功倍	185

第 5 章

视频号的商业变现模式

191

视频号 + 内容电商	192
什么是内容电商	193
内容电商的五种玩法	195
"视频号 + 内容电商"的四种玩法	200
视频号 + 直播电商	204
什么是直播电商	204
直播电商怎么玩	205
"视频号 + 直播电商"如何玩	207
视频号 + 社交电商	212
什么是社交电商	213
如何玩转社交电商	214
"视频号 + 社交电商"怎么玩	218
视频号 + 社群电商	221
什么是社群电商	221
如何玩转"视频号 + 社群电商"	222

后 记

视频号就是冲锋号

226

第 1 章

迎接新风口，
抓住视频号红利

视频号的出现，让短视频平台呈现三足鼎立的局面。2020 年短短 9 个月的时间里，视频号就完成了其他短视频平台几年的探索和发展。内容、流量、商业化，微信一改过去小步慢跑的谨慎节奏，成长速度超过了所有人的想象。

视频号迭代至今，已经成为微信生态里的重要连接板块。到目前为止，公众号、朋友圈、搜一搜、看一看、微信小商店、直播等，均为视频号打开了流量大门，视频号已经与微信生态全面连通。微信生态里的所有产品一起形成了一张网，互相之间可跳转连接。现如今视频号的主框架已基本确定，流量分发、内容搭建、商业化已基本成型，备受外界瞩目的商业闭环也呼之欲出。

微信视频号,短视频风口下的新赛道

2020年1月9日,在主题为"未完成 Always Beta"的微信公开课上,腾讯公司高级执行副总裁、微信事业群总裁张小龙发表了讲话。虽然张小龙并没有到公开课现场,但他仍然通过视频讲述了他对微信、对信息互联、对信息多样性的思考。

在12分钟的视频中,张小龙提到了微信早期的两个失误:一个是微信公众平台很长时间都只有 PC Web 版,限制了内容创作者的范围;另一个更重要的是,开发微信公众平台的最初目的是取代短信成为一种连接品牌和订阅用户的群发工具,并且有效地避免垃圾短信。但微信一不小心把它做成了文章载体的形式,让其他的短内容形式没有呈现出来,使微信在短内容方面有一定的缺失。

张小龙说:"相对公众号而言,我们缺少了一个人人可以创作的载体,因为不能要求每个人都能天天写文章。所以,微信的短内容一直是我们要发力的方向,顺利的话可能近期也会和大家见面。"

图1-1 张小龙在2020微信公开课上的视频截图

我们现在知道了，张小龙在 2020 微信公开课上提到的"微信的短内容"，就是微信视频号。10 天后的 2020 年 1 月 19 日，微信便开启了视频号内测。

先来梳理一下微信视频号产品功能的迭代和更新

2020 年 1 月微信开启视频号内测：单流信息页；支持话题与定位；支持 60 秒以内的短视频和 9 张图片；支持添加公众号文章链接；支持分享到群聊、朋友圈。

2020 年 6 月微信视频号大改版：主页顶部新增关注、朋友、热门、附近 4 个标签；支持进度条拖动、新增收藏按钮、分享入口前置；支持账号互相@；动态发布入口从主页顶部折叠到"我的"二级页面。

2020 年 7 月微信视频号改版升级：新增浮屏和暂停功能；支持以卡片形式分享到朋友圈；微信小商店上线内测。

2020 年 8 月 PC 端视频号助手上线：新增视频号私信、创作者指南、视频号认证、私密账户功能；微信小商店全面开放。

2020 年 9 月：视频号接入"搜一搜"；"视频号推广"小程序上线；视频号剪辑工具"秒剪"上线。

2020 年 10 月密集更新：视频号直播内测；打通微信小商店，可以在视频号的"个人设置"界面关联已有的微信小商店；内测视频号直播带货；支持 30 分钟以内长视频；公众号支持插入视频号动态，与公众号双向打通；"视频号助手"数据中心上线；微信小商店内测全网电商平台分销，上线"无货源带货"功能，接入京东、当当、拼多多、唯品会、麦宝等平台；新增"被提到"功能；朋友圈推出"话题标签"功能，点击标签可跳转至视频号内容聚合页。

2020 年 11 月：微信视频号新增"朋友在看的直播"；微信朋

友圈置顶"朋友分享的直播";内测原创计划;新增直播内容推荐;接入有赞客 CPS 系统;视频号与品牌官网区打通;微信红包封面可展示视频号作品,并支持跳转能力;新增超链接功能,点击可直达内容聚合页。

迭代还在持续……

微信官方对视频号的介绍(2020 年 3 月版本)

视频号是一个人人都可记录和创作的内容平台,也是一个了解他人、了解世界的窗口;点击"发现",从"视频号"进入,发布最长 1 分钟的视频或最多 9 张图片,即可点赞、评论、收藏,也可以一键分享到微信消息和朋友圈;你所创作的内容,不仅能被关注你的粉丝看到,更能通过社交推荐、个性化推荐等方式,让你走出微信好友的小圈子,进入超过 12 亿用户的大舞台;一个微信号创建一个视频号,完成简单注册认证,即可开通;内容创作和发布全程在手机端完成,高效便捷,记录"真实生活";视频号现正内测,优质原创内容能快速吸引大量粉丝关注,你的创作光芒将被更多人看见;从公众号、微信支付到小游戏、小程序,当视频号与它们结合会生出怎样的想象力?微信视频号,欢迎每一位热爱表达的你。

视频号官方强调的五个重点

①人人都可记录和创作的内容平台

原话:视频号是一个人人都可记录和创作的内容平台,也是一个了解他人、了解世界的窗口,点击"发现""视频号"进入,发布最长 1 分钟的视频(注:现在是 30 分钟)或是最多 9 张图片。

虽然公众号已经 8 年多了,但它的创作门槛还是有点高。

首先,你要能写文章,写作水平还不能太差,然后你还得学会使用公众号、会最基本的编辑排版,还要会粉丝运营……

反观视频号，不仅专业的短视频创作者可以拍，我们的家人、朋友等每一个普通人都可以随手拍、随手剪、随手发，最关键的是视频号和我们的朋友圈、日常生活是一种绑定与连接的关系，这可能就是视频号区别于其他平台的地方。

②人人都能冷启动和出圈

原话：可以一键分享到微信消息和朋友圈；你所创作的内容，不仅能被关注你的粉丝看到，更能通过社交推荐、个性化推荐等方式，让你走出微信好友的小圈子，进入超过12亿用户的大舞台。

③现在正是红利期，鼓励优质原创内容

原话：视频号现正内测，优质原创内容能快速吸引大量粉丝关注，你的创作光芒将被更多人看见。

④打通微信全生态

原话：从公众号、微信支付到小游戏、小程序，当视频号与它们结合会生出怎样的想象力？（注：视频号现在已经打通公众号、朋友圈、直播、小程序、微信小商店、微信支付等，视频号的商业化，对个体创作者和企业的影响力都非常大。）

⑤强调记录真实生活

原话：内容创作和发布全程在手机端完成，高效便捷，记录"真实生活"。

从这段话中我们可以看到，微信希望视频号是一个记录"真实生活"并与更多人分享的短视频平台，不同于抖音、快手这类专注于泛娱乐类的短视频平台，视频号的定位是记录真实生活，更加强调内容的真实性而非"表演性""娱乐性"。

微信为什么要做视频号

据最新公布的 QuestMobile 数据显示，从视频类 App 的黏性分布来看，抖音及快手已成为"90后"用户的"时间杀手"，用户平均使用次数最多。其中，月人均使用时长均在1000分钟以上，月人均使用次数均超250次。

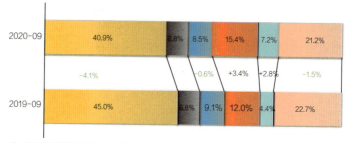

图1-2 QuestMobile《2020中国移动互联网秋季大报告》截图

根据 QuestMobile《2020 中国移动互联网秋季大报告》，以抖音、快手为代表的"短视频+直播"产品正在蚕食用户时长，腾讯系产品的用户时长从 2019 年 9 月的 45% 缩减到 2020 年 9 月的 40.9%，而头条系则从 2019 年 9 月的 12.0% 增长到 15.4%，快手系从 4.4% 增长到 7.2%。

尽管腾讯还有其他庞大的产品体系，但头条系在和微信抢用户时长，这个大的逻辑是确定的。在过去两年里，相关的互联网报告数据都在显示短视频正在抢夺移动社交的时长，短视频在抖音和快手的带动下逐渐对微信的生态造成威胁，而腾讯的微视一直不温不火、可有可无，难以抵挡抖音、快手的冲击。

从 2013 年 9 月微视诞生算起，到 2020 年视频号横空出世，这 7 年时间里，腾讯从未停止过对短视频产品的投入，腾讯曾经陆陆续续做过十几个短视频产品，包括微视、企鹅看看、音兔、猫饼、闪咖、MOKA 魔咔等，但都没有做起来。曾被张小龙寄予厚望的"即刻视频"，也就是现在的"视频动态"也没能达到之前的预期。

从以上这些背景介绍中，不难看出微信为什么要做视频号了。

用户有记录生活和创作的需求，同时也有刷短视频娱乐的需求，这已经被抖音、快手充分验证了。对于微信来说，如果它不做视频号，用户一定会去抖音、快手或者其他短视频平台生产和消费内容。从用户需求来看，视频号也是为了满足用户需求去做的。站在微信的战略高度来看，不得不承认，视频号是对抗抖音和头条必然要推出的产品。从诞生之初，视频号就被外界认为是腾讯在短视频方面阻击字节跳动的最后手段。

目前来看，视频号是对微信生态功能的补足，微信目前已有的短视频功能包括个人视频动态、朋友圈短视频、公众号短视频、微视等，这些短视频的内容形态分散在各处，微信需要有一个统一的入口和平台去承载短视频。视频号是丰富和完善微信内容生态的重要一环，补齐了微信在视频化内容上缺失的最后一块版图。视频号的推出，承载了微信商业化战略和补救短内容短缺的重要产品布局。

7 年的轮回，腾讯的短视频火焰从未熄灭。

7 年之间，腾讯享受过微视带来的辉煌，也感受过抖音、快手的快速崛起对腾讯内容阵地的冲击。在腾讯的版图中，微信还未在短视频领域大显身手，伴随 5G 商用化的加速到来，微信也加快了视频化布局，视频号注定是腾讯短视频的背水一战。

嫁接视频号，微信将迎来商业发展的"第二春"

微信视频号从 2020 年 1 月份上线内测，迭代至今，势头凶猛。6 月份，张小龙高调地发了一条朋友圈，宣布微信视频号日活用户已达 2 亿,看得出来他对微信视频号接下来的发展充满信心。

微信视频号在 50% 灰度的情况下,短短 5 个月时间,日活用户数就已经达到 2 亿,并且还在不断增长,这些都验证了视频号的可行性。要知道抖音发展了 4 年,截至 2020 年 1 月 5 日日活跃用户数才突破 4 亿。这样的一个数字也提醒了整个移动互联网行业,已经被所有人习以为常的微信是一个多么可怕的庞然大物,它所能造就的势能仍旧不可估量。

这也是微信给行业释放的一个积极信号:既然内容是最重要的引流和用户留存手段之一,而用户对短视频和直播类内容消费的适应和偏好已经是不可逆的趋势了,那么我们就要找到最符合平台特性的方式拥抱它、适应它,进而加宽自己的内容护城河。毕竟,稳定、牢固的用户注意力才是真正的护城河,想要抓住用户、完成变现,就要从捕捉用户注意力开始。

对腾讯而言,用户注意力就是其最核心的一块蛋糕,短视频在"吸时"能力上的强势,注定了腾讯需要拿下这块高地。相比于其他互联网巨头,20 年来腾讯沉淀了庞大的、无可动摇的流量和社交关系链,这也是它能够聚焦一个点"发起进攻"的底气。

坐拥 12 亿月活用户,微信已成为了我们生活中密不可分的一部分。视频号是基于微信生态下的衍生物,比起要重新下载新的短视频 App 来说,视频号几乎可以把用户的使用成本降到 0,学习、使用视频号的难度和复杂度,都比其他视频平台低很多,这也使视频号在未来拥有无限的可能。

从产品设计上看,视频号的入口在朋友圈下方,是微信功能中的一级入口。入口即流量。每天有 7.5 亿人进入朋友圈,朋友圈每天曝光量达 100 亿次,朋友圈是微信最大的流量入口。这也显示出微信对视频号的重视程度。另外,用户使用朋友圈的习惯已经养成多年,视频号用户在有新的"点赞"、收到"私信"、朋友发了

"新信息"以及"朋友在看直播"时同样会有红点提醒,这和朋友圈的动态提醒如出一辙。如此明显类似的提示设置,自然也更容易培养用户使用视频号的习惯。视频号相当于在微信中内置了一个"短视频平台",内嵌的视频号,或许是微信发力短视频的一个最好的方式,流量无需要转化,从微信到视频号的链条越短,发展越顺利。

从近期视频号一系列功能更新可以看出,腾讯还在不断加码视频号,新的流量红利还在不断涌现。过去几年,大家从张小龙每年年初的微信公开课分享中,可以感受到整个微信的风格是非常克制的,包括过去几年上线游戏和小程序,任何一个新的功能上线都很慢、很克制。但2020年国庆期间,微信明显加快了步调,直接就上线了五六个全新的功能,这其实是很少见的现象。另据《中国经营报》报道,早期入驻的部分科技商业类博主甚至是张小龙亲自邀请的,这一现象在过去极为罕见。不难看出:在倾注大量资源之际,视频号绝对称得上是微信的又一款战略级产品。

图1-3 视频号入口与朋友圈入口并列

视频号从2020年1月开启内测,密集更新,公众号、朋友圈、小程序、小商店、直播、投放等这些原本存在于微信生态却又独立、零散的产品组件,通过"视频号"全面连接打通,并催生出很多令人期待的功能。从视频号的迭代速度和质量上,也让我们看到了其在整个微信生态中的重要地位。

视频号迭代至今,已经成为微信生态里的重要连接板块。到目前为止,公众号、朋友圈、搜一搜、看一看、微信小商店、直播等,均为视频号打开了流量大门,视频号已经与微信生态全面打通。微信生态里的所有产品一起形成了一张网，互相之间可以跳转连接，现如今视频号主框架已基本确定，流量分发、内容搭建、商业化已基本成型，备受外界瞩目的商业闭环也呼之欲出。今后，视频号每一个新动作的威慑力都将越来越大，视频号完全有可能诞生出下一个超级内容和消费生态市场。

种种迹象显示，视频号已经成为腾讯在短视频领域最后也是最重要的阵地之一。短短 9 个月的时间，视频号就完成了其他短视频平台几年的探索和发展。内容、流量、商业化，微信一改过去小步慢跑的谨慎节奏，成长速度超过了所有人的想象。

伴随着 5G 时代的来临，视频化是大势所趋。

错过了 2012 年的公众号，错过了 2016 年的抖音，不能再错过 2020 年的视频号。几年以后，当视频号红利过去，也许我们唯一后悔的就是几年前你曾经遇见了它，却没有更彻底地去拥抱它。

微信视频号，撬动微信生态的红利杠杆

据 2020 年 11 月 12 日公布的腾讯 2020 年第三季度财报显示，微信月活跃账户数 12.12 亿，同比增加 5.4%。2011 年诞生的微信，10 年间已经成为移动互联网时代的"国民级 App"，其拥有的用户群体几乎涵盖中国所有的移动互联网用户，是使用最高频的社交平台，可随时随地满足"人与人连接"的强需求。

"腾讯：连接之王"，是 2016 年年初《快公司》评述中国创新公司时对腾讯的评价，也非常精确地反映了腾讯自身的战略定位。现在，微信月活用户数已突破 12 亿，这不仅是 12 亿独立个体，更是 12 亿用户相互连接而成的社交生态，其基础的连接方式包括朋友圈、社群、公众号、小程序、企业微信、视频号等。微信不仅仅是连接人与人的工具，更成为移动互联网的基础设施，连接人与

人、人与内容、人与服务、人与产业。

在没有连接的时代里，如果说人是信息孤岛的话，产品就是"孤儿"。用户产生于连接，是"连接"派生出了"价值"。对微信而言，微信连接的海量用户及其所关联的无限创新与创造，才是微信潜力的来源和价值所在。微信不断丰富消费内容和生活服务的供给，逐步迭代成一个集通信、社交、生活、交易等于一体的生态系统，微信已经与智能手机一样，成为12亿用户越来越难以离开的"土壤"。

微信几乎覆盖了互联网产品的所有主流领域，从支付到游戏，从图文到短视频，从电商购物、打车、理财、医疗、生活服务、短内容社区等。也就是说，如果用户手机上只能保留一个软件，必然是微信，一个微信差不多就能满足用户的绝大部分需求。

为什么所有社交产品，最后都会以"我们加个微信吧"结束

我们可以看到无论是抖音、快手还是微博、头条号、搜狐号、百家号等诸多媒体平台，所有自媒体的常规做法和核心诉求都是"加微信"。

微信作为一个社交平台，它的生态是封闭性的，如同塑造了一堵无形高墙，用户在封闭高墙内的社交、分享、电商、支付、内容消费等活动背后都有一种被集体同化、牵引、引导的无形力量。微信作为最大的社交流量入口，它其实一直有着改变用户习惯的能力。当我们身边大多数人都在使用微信时，基于社交需求，你往往不得不去使用，使用之后你就会离不开它，因为你的社交圈子在它上面，一旦形成这种社交关系链就很难再打破，最后导致所有社交软件的最终导向几乎都是微信！

微信依然是流量金矿。微信诞生10年来，依然是当下流量最安全、变现能力最强、利润最高的生态。10年间微信改变了整个世

界。更为重要的是，在微信上与交易有关的每一个环节都可以无缝衔接。10年里，微信创新不止，每一次小小的变革都会牵动整个社会和商业世界的神经，甚至影响着千千万万家公司和个体的命运。电商、教育、服务、游戏等诸多业态迅猛发展，都离不开微信的支撑。微信不仅培育出了拼多多、同程艺龙、微盟等千亿、百亿、十亿美元市值的公司，更养活了数以万计流水1000万至1亿的中小型公司以及千万级的微商、社交电商从业者。

视频号的本质是以微信生态的力量对纯短视频平台的升维打击

视频号是生长在微信生态上的新物种，微信正在将视频号纳入整个微信大生态中，为其补全视频内容。视频号内置于微信与朋友圈并列的高频入口，它的增长态势是可以预见的：所有微信用户都会是视频号的潜在用户，同时也为微信生态的私域流量增加了一个直接面向12亿月活跃用户的公域入口。从战略层面来看，视频号已进入了微信生态的腹地，即社交关系本身，而几乎所有互联网人群的社交关系链都沉淀在微信里，这也是腾讯在短视频领域历经数次失败后，对该领域真正的背水一战。

视频号的本质是以微信生态的力量对纯短视频平台的升维打击。微信希望通过"视频号"这个支点，撬动生态各方，并完成其作为"底层操作系统"的真实跨越。可以预见的是：嫁接视频号，微信将迎来商业发展的"第二春"，当然，与之相伴的还有根植于微信生态的各方，它们也将迎来新的、更大的发展。

在理解上，可能绝大多数人都认为"微信只是个熟人通信工具"，而没有深刻理解拥有12亿用户、生态越来越完备的微信生态系统（个人号、公众号、企业微信、视频号、直播、小商店、小程序、微信支付等）本身已经构成了一个"独立的完整的互联网世界",即"微信互联网"。

在微信里,人们最常使用的是朋友圈,朋友圈吸引的流量也占到了整个微信生态流量的80%。今天的营销其实就是"屏营销",手机这块小小的屏幕,比"电视屏""电脑屏""电梯屏"不知道强大多少倍。意识到这点,你就能感受到科技是多么的伟大!微信互联网有多么的重要!你有多少微信好友,就意味着在多少微信好友的"家里"装上了一块屏幕。从前,朋友圈是图文的屏幕,今天视频号的出现则是屏幕的视频化。有远见的个人和企业,完全可以通过高效利用微信这个已经羽翼丰满的商业生态长期持续地赚钱,与此同时打造出自己的品牌、IP,形成可持续增长的资产。

曾经有一段时间,零售商把获得增量的希望都寄托于平台电商规模的增长,但在平台电商流量增速趋缓、获客成本日益增高的情况下,越来越多的零售商将对销售增量的希望转移到移动社交平台,开始探索如何在微信互联网中做生意,拼多多的成长就是一个非常好的例子。

逐渐补全商业闭环的微信生态,正在改变着传统零售"人、货、场"的形式,给零售业带来建立和完善自营业态的新机会。微信扮演的角色依然是连接器,帮助个人和企业将服务和用户连接起来,为自己的增长提供强大的赋能。对运营者,特别是企业来说,微信生态依然是最值得深耕的领域。

中国移动互联网的流量红利已经消失,只有短视频和直播两条赛道还在快速增长。互联网不变的是流量,变化最快的也是流量,流量在哪儿、用户就在哪儿,内容创作者就会去哪儿。视频号就是冲锋号,视频号可能是未来5至10年里我们所能遇到的最后一次重新分配互联网流量的机会,更是大时代下的普通个体、平民崛起的最佳机会!

去中心化的微信私域电商正在开启全新商业文明

针对流量困境，腾讯提出".com 2.0"的私域业态

2018年9月30日，腾讯于成立20周年前夕启动了新一轮整体战略升级，宣布接下来20年将"扎根消费互联网，拥抱产业互联网"，这既是顺势而为，也是战略选择。这是在下一盘能够持续影响未来10年的大棋，腾讯已经"不止于连接"，对于拥有12亿用户的腾讯来说，"人与人"的连接已经完成，接下来必须升级到"人与物""人与产业"的连接。

2020年9月，在腾讯智慧零售出版的《超级链接》一书中，腾讯称2020年为"私域业态元年"。在这本书中，腾讯董事会主席兼首席执行官马化腾表示：针对流量困境，腾讯提出".com 2.0"的私域业态，让实体门店展现出对抗外部冲击的强大韧性。腾讯高级副总裁汤道生表示：在微信生态中建立适合自身发展的全渠道私域业态，打破线上线下区隔，助力零售伙伴提升对用户的数字化触达和运营能力，不断获取业绩增量。

据国家统计局发布的《中华人民共和国2019年国民经济和社会发展统计公报》显示，2019年全年实物商品网上零售额85239亿元，占社会消费品零售总额的20.7%。电商发展到今天，绝大部分零售交易依然产生于线下。而在数字化程度上，如今的线下门店像一座座数据孤岛，在客流数据化、数据中台等方面的能力远远落后于电商。借助腾讯的能力和工具，广大零售商已经能够逐步像电商一样，将消费者从到店到离店的轨迹沉淀下来，一点点接近100%客流数字化的目标。

移动互联网正在全面变革商业模式和卖货模式，一切都必须互

联网化、数字化。

线下零售、电商、新零售、社交电商、直播电商等,其实都是卖货方式。线上线下一体化的智慧零售,并不是也并不能干掉线下零售,只会让线下零售更强。线下零售企业需要提升"人的数字化",这才是企业数字化转型的核心。

未来的商业模式,一定是线上线下融合的,线上为线下赋能,线上反哺线下,线下作为线上的依托。如果只做线下不做线上,就容易遭遇流量匮乏的问题,这是企业数字化建设必须要做的准备。未来的用户关系将成为一种商品!没有成功过渡到数字化的公司,将很难生存下来。未来既是数字化的,也是人性化的,将数字化与私域业态下人性化的用户关系有机结合起来,是当今大多数公司的生存之道!

私域流量才是真正的护城河

私域流量是最近两三年很火的一个名词,究竟什么是私域流量?私域流量为什么突然火了?私域流量的本质又是什么?

我在2019年出版的《私域流量:从0到1搭建私域流量池的方法论》一书中写过:

私域流量的定义是——品牌/个人所拥有的、可以自己控制的、多次利用的、免费且直接触达用户的流量。这个定义里有三个关键词,一是自己拥有的;二是可以自己控制的;三是免费且能直接触达。

大白话解读就是——私域流量就是流量的私域化,是自己一亩三分地上的流量。私域流量是可以复用的、能够不断产生复购且无须付费的流量,在所有流量中,私域流量转化率、客单价、购买频率是最高的。

私域流量并不是刚有的,只是刚火的一个名词。私域的运营思维其实早就有，甚至可以说自有营销的那天起就有私域思维。比如说"会员制"，比如说通讯录。笔者在十多年前做电话销售员的时候，一天要打 200 个电话，筛选出几个意向客户，然后存在手机通讯录里面，这 200 个电话对应的是公域流量，手机通讯录里的客户就是私域流量。这就是一种私域思维。

私域流量之所以火起来，反映的是"增长的焦虑"，是流量红利消失、用户红利消失、增量到顶、开始存量竞争时的一种焦虑。随着时间碎片化、营销碎片化的进一步加剧，流量变得越来越分散，从各个地方获取流量的成本和难度越来越高。比如，阿里巴巴 2015 财年的获客成本和单客成本还分别是 58.31 元/人和 24.32 元/人，到了 2019 财年，这组数字已经暴涨到了 187.29 元/人和 60.83 元/人，分别上涨了 221.2% 和 150.1%。

私域流量对应的是公域流量。公域流量通常指的就是微信生态以外的各大社交媒体平台上的流量，如微博、抖音、快手、头条号、淘宝、天猫、京东、百度、线下百货商场等。这些地方都有流量，只是不符合"自己所拥有、可以自己控制、多次利用、免费且直接触达"等特征。比如抖音里的粉丝，你很难直接触达（沟通、互动）；又比如线下百货商场来来往往的人群也是流量，但到你店里的只是很小的一部分。

私域流量和公域流量是相对而非绝对概念，区别只是你跟用户的关系是浅一点还是深一点。私域流量的本质还是客户关系的管理，重点是和用户的亲密关系。商业就是忘掉生意，去思考和构建商业主体和用户的关系。这个时代你的产品可以被模仿，你的店铺和广告可以被模仿，唯有你和顾客的关系竞争对手模仿不了。移动互联网时代最重要的是什么？是流量吗？是，也不是。流量只是结果，移动互联网时代最重要的就是用户关系。

所以，私域流量不是收割用户的逻辑，而是和用户建立信任、关系、交情的逻辑。信任是流量的蓝海，人心才是最大的流量池！私域流量的最高境界是用户把你当作专家和好友，把他的一部分需求交给你打理！

虽然我们说话、写作需要使用"流量"一词，但我们要知道，没有人愿意被别人叫作"流量"，"流量"的背后是一个个活生生的人，要把用户当人看，而不是当流量看。要关注流量背后的人，而不是流量本身。做私域流量的精细化运营是需要投入情感的，是需要注重用户终身价值贡献的，要从简单粗暴的刷屏营销模式向贴心服务的销售模式转变。

要做好这些，首先需要将我们的思维从经营产品向经营用户转变，将经营产品从早期的"增长－驱动－留存"，转变为"留存－驱动－增长"。留存比拉新更重要，毕竟留存老客户比开拓新客户容易7倍。实际上大多数公司都死于用户留存率太低，而不是没有用户增长。把全部精力花在搞增量上，却留不下来，还是做了无用功。流量的增量来了以后立马变成了存量，流量的存量如果经营不好还会流走，即使不流走，在"沉睡"中也没有意义。在过去流量获取的过程中，大多数人只是把精力放在了增量上，却忽略了用户来了之后接下来怎么留存——如何激活沉睡用户？如何奖励活跃用户？这些才是真正需要考虑的问题。

从2018年下半年开始，私域流量的发展开始加速。这段时间里，阿里巴巴、京东、拼多多三大电商的获客成本再次出现大幅拉升，私域流量的重要性已经无须证明。可直接触达意味着私域流量的拥有者可以直接接触到流量。从这个意义上说，微信公众号和服务号、微博、抖音、快手等平台上的粉丝都不能算作是私域流量。做私域流量，微信是最好的渠道，其他渠道效果不明显，抖音、百度是没有私域流量的，抖音的流量是属于算法的。

真正的私域流量，主要是存在于微信生态里的微信个人号和企业微信,尤其是在微信个人号这个载体上,企业微信的主要依托还是微信个人号。众多社交媒体平台中,人与人之间心理距离最近的还是微信个人号。整体而言,微信个人号是最好的私域流量池载体,微信个人号以及朋友圈最适合精细化运营用户。微信是标准的私域流量,而且完全与公域流量分离,因此微信涨粉很慢,拥有微信10万名粉丝,比拥有微博、抖音、快手1000万名粉丝还要厉害。任何一个人,如果拥有真实的微信粉丝10万名,一年可以轻松赚1000万元,而拥有1000万名微博、抖音、快手粉丝,有可能养不活自己。私域流量的特性决定了私域流量的价值是公域流量的100倍以上。

而嵌入微信个人号中的视频号,是无缝连接12亿用户的"公域"和"私域"的载体,也就是说视频号是"半公域和半私域"的,经此从公域到私域的路径最短,视频号是从未有过的私域流量与公域流量结合的平台。同时"视频号+公众号+朋友圈+直播+电商小程序+微信群+企业微信+微信支付",已经形成了微信超级商业生态大闭环。这也是我们要非常重视视频号的原因之一。

一年前,你可能还在问:"我该不该做私域流量?"

而2020年后,你更关心的应该是:"我该怎么做好私域流量?"

有赞CEO白鸦说:我相信未来电商的核心是私域流量,是产权。赋予那些内容生产者产权,将是每一个平台都会争取和塑造的核心运营模式。

私域业态:让流量变"留量"

如今互联网流量已经被巨头高度垄断,优质的流量洼地越来越少,使得新增用户到达了瓶颈状态。流量已经进入一个不进则退的"存量博弈"阶段,各个渠道的转化率急速下降,红利逐渐消失。传统的电商平台,无论是买流量还是利用公域流量,这些流量终究不属于自己,且流量越来越贵、转换率低,让许多商家非常头疼。

企业若想打破流量瓶颈,就需要将博弈的阵营从"增量市场"转向"存量市场",搭建自己的私域流量池,长期经营用户、深耕细作,用存量带增量,从而寻找新的增长红利。

相比较而言,去中心化的微信私域流量平台可以直接触达用户且可促进流量循环,已经成为商家线上迁移的重要阵地。微信凭借庞大的用户基数和强大的社交基因成为沉淀私域流量的优质渠道。其直接触达用户更加精准,如果再加上用户运营,这些流量就可以直接变为商家直接的"留量",并可以反复触达。互联网流量为王的时代已经远去,留量为王的时代已经到来。从线下到线上的迁移也只是工具和场景的变化,要想获得更好的业绩,更重要的是留量。

由流量变"留量"更体现在微信与企业微信互通,企业微信、社群成为许多商家进行用户运营、精细化运营私域流量的重要工具,很多企业通过企业微信将导购升级为"超级导购",并让每个超级导购成为对外服务的"超级入口",提高客户复购率,实现可持续经营。

什么是微信私域电商

财经作家吴晓波在 2019 年的跨年演讲中提到了"私域流量",同时还提到了"私域电商"的概念。吴晓波频道发布的《2019 私域电商报告》给它下的定义是:我们可以将摆脱对平台电商依赖,通过移动社交方式与客户直接沟通并完成商品交易的商户,称为私域电商。

今天我们讲"私域流量",很大程度上指的就是沉淀在微信生态里的流量。所谓微信私域电商,简单来说就是个人或企业,把诸多公域流量池里的流量经过筛选,通过个人微信号、微信群、小程序、企业微信沉淀下来,通过对用户的精细化运营,完成商品的交易以及后续的服务，为自己建立一套健康可持续的商业闭环。这部分商家便是微信私域电商。

微信已经连接了 12 亿用户，其实已经把 12 亿人数字化了，零售企业完全可以把属于自己的那部分用户私域化，利用微信生态工具（个人号、微信群、公众号、企业微信、视频号、小程序、微信支付、直播等）做好进一步的连接和一对一的精细化运营，提高用户的留存率、转化率以及从自身裂变出更多增量的能力，这就是线上线下一体化的微信私域电商。

未来商业的重心不再是产品，而是用户。传统电商转型做微信私域电商，最关键的是经营思维要转变：要把传统的"圈粉卖货"的流量思维变成经营用户的思维，从以产品为中心转移到以用户为中心。"圈粉卖货"的流量思维，考虑的是如何从平台获取流量，包括各种引流、吸粉、裂变，然后把产品卖给消费者。经营用户的思维是为用户提供附加价值，为用户提供持续的服务和商品，注重的是用户终身价值贡献而不是做一锤子买卖。传统电商与客户的关系更多是一次性的，微信私域电商和用户关系是持续性的，因此微信私域电商可以大大降低获客成本，提升粉丝的复购率。

微信小程序已逐渐成为微信私域电商的标配

2012 年上线的微信公众平台，是以人与内容的连接破局，为零售企业创造通过品牌的私域阵地直接连接用户的机会。"再小的个体，也有自己的品牌"是微信公众平台推出时的口号。2019 年年底，微信公众号创作者数量已超 2000 万个，几乎一半的微信用户每天花费 10 到 30 分钟时间阅读公众号文章。包括订阅号、服务号在内的公众号形式改变了企业品牌宣传、获取用户的方式，它们让任何企业都有平等的机会，以低成本、高效率的方式，实现与用户的直接连接。

在微信公众号之后，微信支付和小程序两大工具的出现，让微信生态连接线上线下的商业闭环更加完整。微信支付的推出，为人们的生活带来了润物细无声的巨大变化，也为零售商带来了无限商机。

据腾讯 2020 年一季度财报显示，微信小程序数量已经超过 100 万个，日活跃账户数超过 4 亿个，尤其在日用品购买及民生方面，用户量迅速增长，官方数据较 2020 年 1 月超出 1 亿人次。2019 年微信小程序累计创造了 8000 亿元的 GMV（成交总额），较 2018 年增长了 160%。2020 年 1 至 8 月，小程序实物商品 GMV 同比增长 115%，品牌商家自营 GMV 同比增长 210%，增长最快的行业是日化、奢侈品、购物中心和百货，日化行业的增长高达 1710%。到 2020 年年底小程序 GMV 将超过 2 万亿元。这意味着基于微信生态的小程序电商已经成为中国电商交易中一股不可忽视的力量。在这片巨大的蓝海中，私域业态未来还会不断繁衍和爆发，并在微信这片土壤中茁壮成长。

在 2019 年年底举办的第三届全球小程序生态大会上，小程序行业观察者、阿拉丁创始人史文禄曾提出一个"小程序互联网"的概念，他说："我过去做了八年的电子商务，当我认为中国的电商格局已定，没有太大机会的时候，我把企业卖给了上市公司，但我惊讶地发现，每个时代的结束都是新时代的开始。那个时间点引来了社交电商，很快我们又发现了直播电商，现在我感知到小程序电商远比以往的中国电商更强大、更凶猛，我们将进入一个全新的电商时代。"同时他预测："小程序 + 短视频 + 直播"将会产生下一代去中心化的抖音和快手，小程序是传统企业互联网化的最大和最好的一次机会。

2020 年年初，零售业的线下生意受到冲击，商家纷纷转战线上，小程序成为商家数字化、寻求新增长的经营利器。微信开放平台副总经理杜嘉辉在 2020 年微信公开课上明确提出:"今年小程序的重点是要建设商业交易场景,首要任务是帮商家打造自有商业闭环。"具体做法主要涉及三个方面:增加自然新增、提升留存以及商业化变现。2020 年小程序围绕数字化经营工具进行了三大能力释放:小程序直播、微信小商店以及开放标准化电商解决方案。以微信小程序为核心纽带,连接微信支付、企业微信、微信搜一搜、微信 AI 等微信平台能力,形成了行业与产业持续共建的"小程序经济圈",为众多行业商家提供商业新增长机会。

当初低调面世的"小程序",依托微信庞大的用户基础,如今已经成了微信生态的核心,再加上已经打通的直播、视频号、搜一搜等连接功能,微信小程序正加速完善商业服务闭环的能力。腾讯并不是要做平台电商的事,腾讯要做的是支持交易的流转,是要让品牌自己和消费者连接上,帮助商家实现从线下到线上的转移,同时形成自己的私域流量。小程序电商将成为传统电商之外的商业必耕之地。

"视频号+直播+小程序商城",微信私域电商正在加速

2020 年 7 月,微信小商店的推出进一步降低了广大个体、中长尾商家进入小程序生态的门槛。2020 年 8 月 20 日微信小商店全面开放后,微信小商店支持售卖的商品类目已经超过 2000 个。微信小商店大大降低了在微信平台开店的门槛,对于小微商户尤其友好,过去在微信生态内不通畅的转化链路彻底续上了。值得一提的是,此次上线的微信小商店自带直播功能,商家可轻松实现"直播带货"。

2020 年 10 月微信内测视频号直播,并与微信小商店打通,同时微信小商店还在内测全网电商平台分销,上线"无货源带货"功能,接入京东、当当、拼多多、唯品会、麦宝等平台。目前视频号

支持直播带货的基础设施已经成型，剩下的就是优化细节，让用户体验更佳。直播和电商打通，让微信视频号的商业化布局变得更加完整了。2020年9月，"视频号推广"小程序开始内测，支持将视频号内容投放至朋友圈推广，一个类似"DOU+"的功能呼之欲出。

视频号让商家们真正兴奋的功能是直播，它完美利用了微信生态下各环节打通的效率，过去在其他公域流量平台因为平台规则限制，很多导流动作不便于开展，而去中心化的视频号，则为个人和企业的"私域直播"提供了便利，从朋友圈、社群、公众号均可导流、触达、唤醒，大大

图1-4　视频号推广界面

降低了商家的流量费用。相比之前用第三方软件进行直播时需要提前很多天在朋友圈、微信群宣传，现在的视频号直播触达率直接翻番。

眼下对广大企业而言最大的趋势就是"私域直播"加速崛起。根据虎嗅与微盟研究院的报告显示：有超过六成的商家把直播作为常态化营销方式。商家也越来越重视私域流量的价值，甚至有46.4%商家做直播的目的就是为了积累"私域流量"，59%的商家直播间的流量来源于店铺的会员粉丝和社群，88%的商家渴望通过直播引导用户加入社群或成为会员。尤其微信

视频号正在开启零门槛的"直播",将促成真正意义上的"全民直播带货"。

微信正在加大视频号直播的权重,或许视频号的核心就是直播,私域"视商"的时代正在到来!

相对于写文章,拍短视频的门槛低了很多,相对于拍短视频,直播的门槛又低了很多,人人都可以直播。视频号直播有预约功能,直播开始时,预约者会收到系统发出的微信通知,可直接进入直播;视频号直播链接支持转发到朋友圈和微信群,还可以最小化,最小化之后用户和主播可以在社群、朋友圈互动。正在进行的直播也会出现在"朋友在看的直播"和"附近的直播"栏目里,也就是说,直播开始后,你的关注者或者附近3至20公里内的人,如果正在刷视频号,都有可能看到你的视频号正在直播。视频号的"附近"功能,为线下实体店获客提供了一个非常重要的流量入口,这一点特别值得实体企业、线下门店重视。

视频号推出才短短几个月,就已经集齐了当下短视频产品的"标准配置",如果非要对标抖音、快手的话,我们也能看到抖音和快手有的,现在视频号也有了:直播、短视频、长视频、小商店、视频号推广等。虽然说目前处于内测期间的视频号转化路径还略长,但毫无疑问,后续商品也一定会与单个短视频内容打通,就像抖音所拥有的"短视频"带货和"直播"带货,在视频号上也都会有。

微信作为用户最多、生态最完备的社交平台,无论是社交价值、私域流量价值都比其他平台大,用户使用习惯也最稳固,这也决定了它的商业价值最稳定。在微信生态里,不仅用户转化效率更高、用户黏性更好,而且去中心化的微信生态比其他平台能够带给内容创作者更多的安全感。

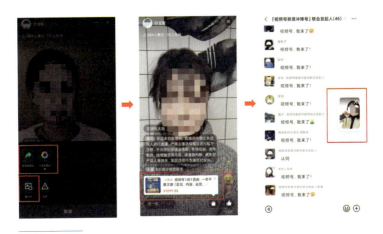

图1-5 视频号直播可以带货、转发好友和朋友圈

"记录真实生活"的视频号,提供的是可视化的"具象信任",比过去图文时代的"抽象信任"更加便捷、更有效率。在商业信任机制方面,阿里巴巴电商的信任是中心化的,所有用户看到的信用体系都是阿里巴巴提供的,而微信的信任是去中心化的,这个信任不是微信提供的,是通过用户之间日常一对一的连接所构建的,这大大颠覆了传统信任。视频号教育博主@萧大业就曾说过:"视频号解决了信任成本问题,以前别人找我合作,看了名片之后可能还要去做一些甄别,现在看了我的视频号,通过视频号的内容本身而认可我,并对我产生巨大的信任,从而提高了成交效率。"

我认为"视频号+"未来将会成为"信任经济"的基石。在微信生态里,基于这种"一对一的连接"所建立的具象信任,将会催生一大批提供"个性化服务"的超级个体和企业。未来微信生态中,一定会出现一批批各行各业的专业助理,帮他们的用户打理各种事情,比如个性化的吃穿住行、家居用品、保险、理财、旅行、健康管理等服务,以上每一条都可能是成就未来十亿元、百亿元级的创业机会,而视频号的出现,正在全面加速和完善这一过程。

去中心化的微信私域电商正在开启一个类似于 20 年前"淘宝电商"的新时代,未来在微信上将会诞生一种基于个性化服务的全新商业文明。

微信视频号与抖音、快手的区别在哪里

2016 年起,抖音、快手相继崛起,伴随移动互联网的发展以及用户内容消费的碎片化,短视频和直播正在取代图文成为主流的信息媒介。2020 年受疫情影响,全网用户对移动互联网的依赖度进一步加深,"短视频+直播"的产品形态抢占用户时间的效果更加明显,疫情也进一步带动了"短视频+直播"的发展,马上来临的 5G 时代以及手机性能的提升,让用户获取信息的介质也在发生改变,视频化的沟通方式变得越来越重要,"短视频+直播"会变成广大用户的一种生活方式。

2020 年年初微信视频号的诞生以及快速发展,难免会让大家想到抖音、快手。大家也习惯用市场上已经熟悉的产品和它进行对比,围绕视频号、抖音、快手相同和不同之处的讨论一直不断。微信、抖音、快手都是非常优秀的公司,也都深受用户喜爱。视频号内测至今已有一年时间,经过 2020 年 6 月和 10 月的两次大改版,现在视频号的"整体框架"已经趋于稳定,在未来的 1 到 2 年内应该不会再有重大的调整。目前来看抖音、快手有的功能,视频号也都有了,在产品层面,视频号在短短九个月的时间里集齐了时下短视频产品的"标配",只是在具体的功能和细节上,还需要时间慢慢优化。

视频号用户年龄偏大

在 2020 年微信公开课上,张小龙说短内容一直是微信缺失的一块。视频号是对微信生态内容的补充,微信提供了视频号的入口及其和 12 亿用户之间的连接,这是一种全新的能力。微信之所以做"短内容"的视频号,还因为微信的理念一直是普惠,它重视的是人人都可用,而不是只针对某一个人群。

在用户画像上,视频号一开始抢的并不是抖音、快手的用户。视频号目前的用户年龄层比抖音、快手要大,以 30 至 45 岁居多。与抖音用户喜欢看帅哥美女不同,年龄层更大的用户群体对涉及正能量、价值观的以及垂直类的内容认同度更高,消费实力更强,并且不是那么容易被洗脑。随着视频号内容生态的不断丰富,相信视频号也会不断地"年轻化"。

微信视频号是要做下一个抖音吗

不会!视频号是和抖音完全不同的存在。就好像打败微信的一定不是另外一个微信,打败抖音的也一定不是另外一个抖音。

我们研究视频号,不如去研究张小龙。张小龙有自己的产品哲学,他不会做一个和别人一模一样的东西,他会优先考虑事情的合理性。这个合理性不仅仅是要符合腾讯的战略意图,更要考虑对于微信的重要意义和对于用户的价值。"让每一个人都能说话,让你的每个声音都有回应。"这是张小龙当年开发微信时曾说过的话。不仅微信,视频号也会打上张小龙本人深深的"烙印"。

视频号不会用抖音化的内容打败抖音,也不会用快手化的方式超越快手,而是正在成为微信大生态的核心。抖音是抖音、快手是快手,尽管它们在产品的底层逻辑上不尽相同,但都是先有产品,而后慢慢培育出生态。而视频号是微信的视频号,它从一开始就是生长在微信社交生态之上的，这也决定了它跟抖音、快手有完全不同的使用场景和玩法。

视频号相当于"视频版的朋友圈"，又好像是"视频版的公众号"，它兼具公域和私域的特征。抖音、快手虽然也是社交媒体，观看者在评论区偶尔也会有互动，但毕竟还是陌生人平台，它们具备的更多还是媒体属性，而非社交属性。内容绑定社交关系，这是抖音、快手一直在发力但未成功的事情，不仅因为抖音、快手是弱社交连接，更在于抖音、快手的核心是算法推荐机制，决定了用户与创作者不可能建立真实的社交关系。

视频号是超级名片，人本身就是最好的内容

视频号是"记录真实的生活"，抖音是"记录美好的生活"，快手是"拥抱每一种生活"。视频号显然不是下一个抖音，真实是视频号内容的重要指向。相较于其他短视频平台，视频号强调和支持的是真实的生活方式，视频号希望承载的内容是基于真实生活的作品。这点有点像快手之前所坚持的价值观：快手记录的是真实生活，而真实不一定都是美好的。张小龙曾经说过："大部分产品都在欺骗用户，做各种滤镜，喊口号说'记录美好生活'，但生活其实并不总是美好的。"抖音记录的美好生活大多都是"表演"出来的，而且普遍都偏娱乐化。

在用户使用界面上，抖音是单列的"沉浸式"全屏显示，一次只能看到一个短视频，快手是双列的，而视频号介于二者之间，在观看一条视频号的时候，下面一条视频号的整个标题、作者、头像都已经显现。这或许可以看作是"用心"的张小龙，并不愿意让用户太沉浸在视频号中"消磨时间"，因为视频号并不缺用户，这一点上不像"用脑"的张一鸣，用一种很"聪明"的办法留住用户，让人在算法中走不出来。

在快手、抖音内容"中心化"的趋势下,优质内容的受众更广泛,头部效应也更明显。抖音目前的创作生态呈"头部生产,腰尾部消费"的特征,据海马云2018年的数据显示,抖音粉丝超1万的头部用户占比4.7%,用户覆盖率却高达97.7%。微信生态最重要的逻辑是去中心化,不会像抖音、快手做中心化的流量分发,因为中心化只会导致未来的流量往头部聚集。虽然日后视频号的头部效应也会比较明显,但基于微信的社交关系,原生态的真实创作者依然有自己的一片天地。微信一直坚持的商业模式,不管是订阅号还是视频号、小程序,希望它们的每一项动作、服务和技能,都能够赋能中长尾创业者。在圈层经济这一块,我们能够看到微信在努力突破"信息茧房"。

在内容形态上,由于用户特点以及平台的商业化导向,抖音、快手的内容已经走向了套路化、模式化。《21世纪经济报道》科技版前总监、科技趋势洞察者卢爱芳曾经接触过一系列的财经大号,包括商业小纸条、创业找崔磊、楠哥有财气,后来才发现他们都是同一家MCN(多频道网络)机构,有鲜明的风格和套路:像说书一样讲故事,带有很强的洗脑色彩。

抖音适合做大众化的娱乐内容,不适合在某个细分领域垂直深挖。视频号更像是个人和企业的一张超级名片,它是一个快速提升影响力的放大器。微信公关经理张斌曾表示,微信视频号就像是个人和机构的动态"名片",也是品牌的"橱窗",而它的潜力在于它和微信生态其他能力的打通。

现在短视频平台爆款内容越来越多,持续保持人气的网红却越来越少,因为他们只有内容而没有人。在倡导"记录真实生活"的视频号中,人会变得越来越重要,人的权重会增加,因为内容的背后要有真实的人。先有真实完整的人,然后再有内容,唯有人,才是内容的尺度,在视频号里,人就是最好的内容。在视频号里,你的内容恰好就是你自己的一张名片，整个视频号更加关注的是人，而不是内容。

视频号是内嵌式的

相比抖音、快手，视频号不是独立 App，而是内嵌在微信内容生态中的产品。从独立 App 到内嵌，意味着用户和视频号之间的距离被无限拉近。把短视频内容产品建设在微信这个我国最大的流量池内部，依托微信来完善内容生态，让流量在微信生态"内循环"起来，才是对腾讯来说效率最高，同时收益最大的产品思路。

在微信生态内，用户不需要单独下载一个 App，就能"享受"到完整的"短视频服务"，站在用户的角度，能在一个 App 里满足某种需求，远比需要下载很多个 App 去满足要更吸引人。内嵌形式的视频号，既是偶然又是必然。微信本身已经是一款国民级的 App，内嵌的视频号如果能很大程度地满足用户的"短视频"需求，那么不跳出微信就会成为人们最乐意的选择。对于视频号而言，由于它们本身就是微信上的一个产品，无须操心流量从哪里来、如何独立运作这些问题。如果是一款独立的 App，好友的"分享"就会让你感觉受到了"打扰"，而作为微信内的一个"号"，这种被打扰的感觉会变弱，有利于它的成长和发展。

视频号是双螺旋算法

1. 抖音和快手都是以算法分发为主

抖音和快手都是以算法分发为主，只是其中算法的分发规则不同。抖音的算法倾向于推荐头部内容，内容质量成为算法推荐的核心评估指标。快手强调真实和普惠，更适合长尾内容，算法相比较抖音而言更加重视关系的影响。抖音、快手的底层技术虽有细微差异，但都面临着相同现实，即头部大号强者恒强，腰尾部创作者的积极性难被调动，视频创作与消费的"二八现象"极为鲜明。算法推荐的怪圈在于"信息茧房",一种体现在:用户越是消费某一类内容,系统越会推荐同类内容,而其他内容被隔离在外;另一种体现在:数据表现越好的内容越能获得推荐。

视频号的推荐机制,最重要的逻辑是去中心化,不像抖音、快手那样中心化的流量分发,中心化会导致未来的流量往头部聚集,这与微信的产品理念是相违背的。在快手、抖音内容"中心化"的趋势下,视频号要从中突围,选择的是让社交关系成为底层算法的逻辑,而微信的优势恰恰在于它的强社交属性。在微信生态里,积累有12亿用户的聊天记录和分享内容,这个数据量级远远超过抖音和快手,只要微信的数据使用得当,其内容推荐理所当然会比抖音、快手的算法推荐更加精准!算法推荐每个平台都可以做,但是社交推荐只有微信能玩得转。

表1-1 抖音、快手、视频号三大平台对比

属性	抖音	快手	视频号
平台定位	短视频平台,强运营,重视爆款内容	短视频平台,重视社交关系	人人可创作,记录真实生活的平台
用户规模	4亿+	3亿+	12亿+(微信用户)
流量来源	自身和外部流量	自身和外部流量	微信生态流量
内容类型	娱乐、剧场、生活等内容	生活、趣味、搞笑、猎奇等内容	资讯、知识、娱乐等内容
推荐机制	智能算法分发:用户兴趣标签,播放量(完播率)>点赞量>评论量>转发量	内容推荐基于时间线而非内容关注度,重视用户和创作者、社区之间的黏性	内容推荐基于社交(点赞、评论、互动)、兴趣、地理位置、算法等

注:以上相关数据和资料均来自网上公开信息搜集,仅供参考。

2. 视频号的推荐机制,主要是"社交推荐"+"算法推荐"的双螺旋推进

什么是社交推荐?

假设用户A看了你的视频并且点赞了,那么A的朋友圈好友

就可以在视频号"朋友"里看到 A 点赞的视频，如果 A 的好友 B 看到了也点赞了，那么 B 的好友 C 也可以在视频号"朋友"里看到你的视频。

社交推荐的背后，涉及著名的六度分隔（Six Degrees of Separation）理论："你和任何一个陌生人之间所间隔的人不会超五个，也就是说，最多通过六个人你就能够认识全世界任何一个陌生人"。在理论上，我们的一条视频号不停地在各个圈层间传播，潜在可以触达的人群是无限的。这就是社交推荐。

在别的短视频平台，一个赞可能就是一个赞，视频号里的一个赞则可能会带来一众朋友圈的人脉。视频号内容推荐的第一阶段需要借助私域流量，需要把自己的视频号作品首先分享到朋友圈、微信群作为冷启动的基础。内容越好，微信好友越多，冷启动就越容易。需要提醒的是，"诱导点赞""批量点赞"这一招已经失效，已经有创作者因为"诱导点赞"而被封号了。正常和正确的点赞方式是看完视频后进行的，完播率很重要，没有完播率的批量点赞是无效的。

视频号的算法推荐

除了社交推荐，视频号也有算法推荐，这意味着视频号内容可以有机会穿越熟人社交圈的障碍而出圈，在微信的 12 亿用户里获取更多的流量。当社交推荐的点赞量达到一定数量以后，就会触发视频号的算法推荐，也有可能社交推荐和算法推荐是同时进行的，但还是以"社交推荐"为主。视频号只是部分借鉴了抖音的算法推荐机制，但其重点不在于算法推荐，而是回到了自己的优势领域——社交。

视频号主页上方的三个按钮，代表了三种视频推荐模式，即："关注推荐""朋友推荐""算法推荐"，而处于 C 位的是"朋友"，不是"关注"和"推荐"。位于 C 位的"朋友"推荐是微信特色的社交推荐分发机制。

视频号的推荐模型大体是这样的：

朋友点赞推荐→系统算法推荐→更多的用户点赞推荐→更多的算法推荐播放……

在视频号主页上方的三个按钮右侧还有一个位置图标，点开看是"附近"，能辐射附近的人群，能看到附近3至20公里的

图1-6 视频号主页面

用户发的短视频和直播。这是一种基于"地理位置"的推荐方式，虽然占的比重略微小一点，但也为实体店利用视频号获客增加了很多想象的空间，用好了也是一个非常不错的流量入口。

在视频号内测期间，也已经出现单条作品播放量超过2亿次的作品，从这一点上来看，视频号比抖音、快手还要"厉害"。视频号的内容具有涟漪效应，会不断向外扩散，一条爆款视频可能在发布几个月后依然火爆，依然会源源不断地被推荐；而抖音、快手产品更讲究即时的火爆，内容的生命周期一般只有两天。

视频号的出现，让短视频平台呈现三足鼎立的局面，短视频市场格局稳定后，不稳定的是内容创作者的心，视频号有着抢夺内容创作者的潜力。视频号@蘑菇租房联合创始人龙东平说："抖音是纯中心化的，你发的任何一条视频都是重新开始，粉丝量对于一条新视频的影响是很低的，抖音的用户不是你的用户，而是全平台的用户。而视频号可以将流量掌握在自己手中，无疑让创作者更加有安全感。"

微信将视频号放在朋友圈入口下，意味着分配给视频号的权重和流量会很大。它为短视频创作者提供了一个全新的商业变现空

间，能快速聚拢抢夺内容创作者尤其是抖音、快手的头部内容创作者。抖音、快手的内容创作者群体已经非常庞大，但是有很多赚不到钱。有业内人士说在抖音上拥有500万粉丝的创作者，变现能力还不如在微信上有5000粉丝的人。抖音、快手的用户规模基本也接近天花板了，下面的博弈是生态层面的，不取决于某个工具厉不厉害。

视频号的商业变现路径更短

在别的短视频平台上，变现的路径很长、很艰难，同样都是发短视频内容，还要能够火起来，火不起来没用，火了以后要有人留言询问，还要在私聊中偷偷摸摸地发微信号，用户跳出抖音、快手App加微信，导到私域后再沟通、成交，前前后后要完成七八个环节，转化率太低。

视频号本身就是微信生态的一员，大大缩短了变现路径，可以有效地增加转化率。在抖音、快手上，众多短视频创作者都考虑过如何将粉丝导入微信私域流量池，但它的难度在于两点：一方面是平台不允许，另一方面是切换App进行沟通、买单的成交路径太长，而视频号打通了公众号、朋友圈、直播和小程序，可以一步到位直接付费下单。

视频号的变现路径目前有以下几种：

（1）视频号+视频号简介/描述/置顶评论+微信个人号

（2）视频号+公众号+微信个人号

（3）视频号+公众号+微信群

（4）视频号+公众号+小程序商城

（5）视频号+直播+微信小商店

微信视频号风口期，我们如何把握先机

我的视频号的运营经历和思考

2020 年年初，从朋友圈得知视频号正在小范围内测，我就很敏感地觉察到这是一次机会，只是还没有机会开通视频号，只能刷别人的视频。苦苦等到 6 月份，才开通了自己的视频号。

我的视频号开通以后，立马就开始投入运营，一口气拍了 100 多条短视频，剪辑后每天 1 到 2 条上传到视频号，但是数据并不理想，普遍只有十几个赞，播放量在 1000 左右。经过总结复盘以及听取朋友们的反馈后，我知道了问题出在哪里。

（1）我口播的都是干货，一本正经地在那里讲，内容不够生动。

（2）画面不够清晰，自己也没放开，整体美感度不够。

（3）冷启动没做好。一开始并不清楚视频号依据的是什么算法，发完作品后基本就不管了，自己都不给自己点赞。

（4）没有继续坚持。发完 100 条视频以后，感觉付出很多，收获很少，中间停更了一个多月。

之所以会停更，就是因为有很多地方没想通，不知道该往哪里走了。现在我想明白了，走就对了，哪怕走错了也比不走强，因为在这个过程中才会把你的表达能力、镜头感、剪辑能力练出来，能力才是最重要的！

视频号头部博主是怎么做的

我曾把十几位已经做到几万粉丝的视频号博主过去所发的所有短视频作品都看了一遍。比如 @ 萧大业、@ 陈诗远、@ 肖逸群

Alex、@查理校长等很多人的作品。当把他们的视频号作品全部看一遍,你就能看到他们的作品都有那种逐渐清晰的、一点点变好的迭代过程,也能看到他们个人表达风格的慢慢成形。再看他们在朋友圈、在视频号直播中讲述自己的视频号发展历程,就会发现其实每一个人的"视频号之路"都不是一帆风顺的,都会遇到各种各样的障碍,只是在他们身上可以看到比常人更多的坚持。

比如视频号头部教育博主@萧大业,在做视频号之前几乎没玩过抖音、快手、微博、公众号等自媒体。他自开通视频号以来做到了日更,一条《相濡以沫》的视频号内容播放量达到了 1.7 亿次、点赞 625 万个、转发 110 万次。他的视频号平均点赞量在 2000 次左右。

最近他曾发表了一篇题为《玩好视频号的底层逻辑》的文章,在此摘录部分内容给大家参考:

有些人可能参加过如何做好视频号的培训,可能会说起一个好听的名字、储备各种素材、把视频拍摄得更精美,或者教你社群运营、互推视频号、参加各种社群圈子等。这些都对,但是除了上面说的,我认为最重要的是掌握视频号的底层逻辑。

首先是沟通。文字是沟通、视频也是。我们拍视频不是表演不是自嗨,是把自己放在对话中有来有往。其次就是定位。定位好你的视

图 1-7 视频号头部教育博主@萧大业的某作品

频号，想清楚你的视频号的听众是谁。再次是一定要出镜和脱稿化。这是一项技能，你可以打草稿，但是你要把你的文案揉碎，变成真真实实自己的东西，更口语化的表达，让大家一听就懂。最主要的底层逻辑我认为是带有情感和情绪。让人感觉到你的情绪在流动，才能建立有效的连接。

又比如视频号职场博主@肖逸群 Alex，他从 2020 年 6 月开始做视频号，截止到 2020 年 10 月视频号累计更新 85 条，获得 52 万个点赞，2100 万次播放，现在粉丝有 8 万多名了。

2020 年 11 月 1 日，他发的一条朋友圈说："来到视频号已经 120 天，对我来说，这又是一次新的创业。从天生惧怕摄像头，从对自己形象的不自信，从对真实表达自己的抗拒，到现在视频号累计千万次曝光，6 万多名粉丝。想对过去的 120 天说声谢谢，我坚持下来了！"

我们能看到他也会像我们很多人一样，会惧怕摄像头。但只要足够坚持、实践得足够多，就能够突破这些常见的障碍。

再比如视频号教育博主@陈诗远，她的自媒体之路源于 2018 年，当时还是大学生的她开始玩起了短视频，发现这是一个很大的机遇，于是投入了更多的时间。

2018 年到 2019 年她每天都会拍一条短视频，从小白到火爆网红，在视频的呈现形式上，她经历了三个阶段：

图 1-8 视频号教育博主@陈诗远的某作品

第一阶段是风格摸索期，就是尝试各种各样的风格。刚开始她做了好几个方向的内容，比如"小姐姐带你学场景英语""首届进博会，有什么好玩的英语呢""这里是曼谷的安帕瓦水上市场"……这个阶段持续了约3个月，光是摸索风格，她就很辛苦地拍了78个作品，最终在第79个作品，奠定了目前"英文、小姐姐、温暖、治愈"的风格。

第二个阶段是初尝甜头期。她依然是每天拍一条视频，依然是暖心小姐姐讲英文这个方向，这一拍又是75条。在她拍到了154个视频的时候，有一个视频上了抖音和微博的热门第一。

第三个阶段是风格稳定期。她按照实践的风格稳定产出内容，一直坚持，400多天拍了300多个视频。在经历了"个人摸索期""初尝甜头期"之后，终于迎来了她的"风格稳定期"。

图1-9　视频号教育博主@陈诗远拍过的部分短视频作品

@陈诗远说，在拍视频的700多天里，面对一个又一个流量低谷以及内容瓶颈期，她已经可以很熟练地应对了。

拍过视频的朋友都知道，一个一分钟的成品，可能背后得拍上

100条素材，拍好后剪辑、加字幕和音乐，琐碎的各种工作加起来，一分钟的呈现可能背后要忙活四五个小时。在这个创作者遍地开花的时代，能长久地活下来的人，一定是那批死磕内容的人。

我们可以从这位看似"柔弱"的姑娘身上看到她的坚持、她的勤奋、她的付出。她说："做短视频最重要的就是坚持，坚持就是大家说的长期主义。做短视频，我拍了无数的素材，反复打磨、不断迭代，只有不断地去尝试才能跑出来。"

如何把握视频号的先机

简单回顾了以上几位视频号博主的故事之后，我们就基本知道了如何把握视频号的先机。

1. 首先是打通对视频号的认知

上文写的视频号的发展历程、时代趋势等，就是在帮我们提升对视频号的认知。有了认知才会重视、才会坚持，才有决心做好视频号。对于很多人来说，做短视频最大的障碍无非就是没有内容，不知道讲什么；不敢面对镜头表达；不会剪辑；不能坚持。如何把握先机？最大的前提就是勇敢地去把握、去做、去实践，站在岸上永远学不会游泳。先行动起来，你就已经击败了50%的竞争者。

对于真正想做视频号的人，不用有那么多思想负担，去做就行了。做视频号要拒绝完美主义，尤其一开始别花太多时间在买装备器材、打磨细节上。先不用追求内容精美、数据漂亮，就是去做，每天发作品交卷考得60分，也比交白卷强，做的过程中会发现很多不会的、不懂的、没想清楚的，慢慢地才会得到完善。

2. 做视频号最重要的是练就我们的三大能力

一是在一分钟时间里表达清楚一件事情的能力；

二是在镜头前的表现力；

三是陌生人前的演讲能力和直播能力。

说到底，做视频号是对自己的表达能力、剪辑水平等不断提高的过程。一开始这些你可能都不具备，只有做了才会慢慢具备，这也是一开始很难做的原因。但这些能力恰恰是在实践的过程中练出来的，千万不要等到条件都具备了再做，那样可能永远都无法开始。

3. 起步做视频号的6大准备

（1）定位

开始做视频号，首先要考虑内容的定位和风格的定位。图文时代考虑内容定位就可以了，但短视频时代又增加了一个风格定位。定位要和自己擅长的领域、个人风格、要做的内容以及要变现的产品或解决方案保持一致。找准定位很难，也非一日之功，必须在实践中不断试错，尤其是个人风格需要在实践中不断地找准感觉。定位是贯穿于视频号始终的，也是最重要的。一开始做视频号，不用想太多别的，先拍100条短视频发出去，不管好与不好都会得到很多反馈，这些反馈会让我们知道该如何做得更好。

（2）内容

定位清楚了，做什么内容也就清楚了，剩下的就是内容表达的形式和风格养成，这些就因人而异了。如果定位暂时不清晰，先做自己擅长的、熟悉的、感兴趣的内容。首先保证有内容，哪怕内容并不好也先要有。可以多去看看与自己行业接近或者和自己风格类似的博主的作品，找到自己表达的内容类型和方向。任何人做内容都是需要死磕的，没有内容是巧妇难为无米之炊。

拍短视频难，但开直播简单。要特别重视视频号直播，直播也是内容输出的一种重要方式。一场有干货输出的直播，积累的都是真正的粉丝，而且直播是可以带货的。做视频号一定要有及时变现的思维，可以边做视频号边变现，不要等到粉丝积累到一定程度以后才考虑变现，现在视频号上只有几十个粉丝的人都可以出货。

视频号内容要么有趣、要么有用、要么有料、要么与用户有关，最好是细分垂直类的，不要太宽泛，越细分越垂直，粉丝越精准。现在视频号上充斥着大量讲鸡汤、成功学、孝顺、怀旧、搞笑的内容，还有很多是搬运过来的内容，不可否认的是这样有"大众需求"的内容很容易引爆，在视频号早期，为了冲量、认证，它们是非常有效的手段。但我们每个人做视频号的时候，不能光盯着点赞量、播放量、转发量，还要考虑后期的商业变现问题。

什么样的内容喂养什么样的用户，什么样的内容连接什么样的用户。做视频号不是为了一次两次的"引爆"，而是一种通过内容输出吸引用户关注、和用户建立信任的持久行为。我们更需要考虑的是，输出的内容所获取的用户是不是精准的，是不是能支撑我们的商业变现？如果不是靠广告变现的商业模式，我们还是要追求粉丝精准度的，只有精准的粉丝才有商业变现价值。抖音上已经有很多拥有几百万、上千万粉丝的大号，看起来很吓人，但就是难以变现。另外搬运其他平台的作品，视频号是不鼓励的，这一点尤其要注意，轻则会被降权，严重的有可能会被封号。

(3) 镜头感

视频号的核心还是连接，进一步说是情感的连接、信任的连接，所以做内容一般要求是真人出镜。真人出镜对很多人来说是很大的心理障碍，多数未经训练的人一面对镜头就紧张，不知道说什么。这很正常，改变的办法就是多练习，恐惧什么就多做什么，习以为常就不恐惧了。

当然也并不是说做视频号必须真人出镜，真人出镜的好处是可以增加真实和信任感。如果长相甜美、声音动听，真人出镜是个加分项，当然出镜好了。如果各种原因让真人出镜成了减分项，那还是暂不出镜的好，即使不出镜也有其他的办法替代，比如做纯配音的短视频等。

(4) 拍摄和剪辑

个人玩家或者小团队有个手机和手机支架就行，室内拍作品的话如果灯光好，补光灯都不需要。建议用手机拍摄，视频剪辑也在手机上进行，很方便，发布作品也方便。真人出镜的话，可以设置成 1080P、60 帧。室外拍摄有运动场景的话可以配一个无线降噪麦克风。

剪辑短视频是一项技能，也可以说是一个熟练工种。专业的工具有 Pr，常用的工具有剪映、快影和秒剪，一般性的短视频剪辑需求，剪映完全可以满足。剪映里自带基本教程，看几遍再实际剪辑几条，基本上半天就入门了，后期可以在大量剪辑的过程中持续提高水平。除非你是专门做影视剪辑、情景剧特效、美食类视频的，对画质和后期处理的要求比较高，除此之外，绝大部分作品都可以用手机拍摄和完成剪辑。当然如果有专业的短视频拍摄和剪辑团队那就更好了。

(5) 视频号重私域、重运营、轻内容

重私域：视频号最大的优势是和微信生态的全打通，再加上视频号独特的社交推荐算法，公众号、微信个人号、微信群的"私域流量"越充足，做视频号就越占便宜。所以我们做视频号，要特别重视添加粉丝到微信个人号，搭建自己的私域流量池，不仅方便冷启动，而且后续的用户精细化运营、商业变现、售后服务等，很大程度上也都是在微信个人号里面进行和完成的。任何时候重视"流量私域化"，把用户掌握在自己手中，都不会有错。

重运营：视频号的点赞即推荐，这要求创作者在私域用户运营上要多花心思，尽可能多地引导用户去点赞。视频号直播是私域直播，现在即使是大 V 做一场直播也难有 1000 名观众。私域直播要做好，用户的运营也要跟得上，很多直播做得好的，都是提前好几天在几十个、上百个专属微信群里进行预热，才能保证直播的那几个小时里有人气。

轻内容：轻内容不是说内容不重要，好内容任何平台都稀缺。轻内容是相对重粉丝运营而言的，是相对于只强调"内容为王"的抖音而言的。抖音上几乎每一条短视频都是从0开始，视频号则非常重视用户的运营，更强调社交关系，毕竟在有社交关系的"朋友"面前，更重要的是你这个"真实的人"而不是你发的内容。在视频号上做内容，不需要非把内容打磨到100分，能做到60分及格，做到"记录真实生活"就已经非常不错了。

（6）坚持

难走的路，从不拥挤，坚持非常重要！

在坚持的道路上，每上升一个台阶，就会有90%的人退出。兴趣遍地都是，专注和持之以恒才是真正稀缺的，只有长时间持续输出内容，才能连接越来越多信任我们的用户，才能积累我们的价值。坚持，在任何一件事情上，都是一道很高的门槛。

视频号给企业和实体店带来的机遇更大

1. 视频号就像是为企业量身定制的"企业电视台"

视频号就像是为企业量身定制的"企业电视台"，通过一条条短视频讲述企业的故事，可以更好地做好企业的品牌传播、产品的介绍以及与用户打成一片。这样的一条条视频号动态，又非常方便企业所有员工以及客户收藏，需要给客户介绍公司、产品时，只需一键转发就能播放。

过去几年，随着公众号的普及，公众号已经成为企业的标配。一些企业的服务号用户数量达几百万次、上千万次，连上亿次的也有，现在视频号已经与公众号打通，一旦你的视频号开启运营，会很快做起来。

过去对于很多做抖音营销的企业来说，100个企业在抖音上发视频，估计至少有99个几乎没有人看。因为抖音营销的不可控性非常明显，很多企业做抖音营销，要么是按照老一套的TVC（电视广告影片）模式拍大片，要么是简单粗暴地找网红做一些随大流的东西。这些方法花费高，效果却不一定好，而且难以持续。

但是视频号不同，视频号点赞就等同于分发，一家企业开通视频号并开始运营，如果有20名员工，他们每个人微信里总会有几百乃至上千个粉丝和好友，员工给企业视频号点一个赞，等于他向朋友圈所有的粉丝或朋友进行推荐。在过去的公众号时代，很多企业会要求甚至命令员工转发公众号文章到朋友圈，但效果往往不理想，但是视频号点赞却简单多了，而且没有那么多的思想负担。如果一个企业有1000名员工、10000名员工呢？这个属于企业的私域流量池是不是更大？而且企业员工的点赞推荐效果一定会比陌生粉丝好太多。

2. 视频号对实体店的意义重大

对于实体店，视频号也有非常多的玩法，视频号引爆后，拥有线下流量的门店和企业会比线上获取流量更占优势。

首先，视频号有"附近"的功能。

这是基于地理位置的算法，覆盖范围大概是3到20公里内的人群，这正是一家实体店的主要客户人群。实体门店在发布视频号作品时，一定要标记位置，还可以"创建新的位置"，把门店的关键词甚至吸引用户关注的广告或促销性语言加进去。实体门店进行视频号直播时，用户点击"附近"，会显示"附近的直播"，极有可能就会进入你的直播间看看。实体门店完全可以在营业时间里，把视频号直播一直开着，直接直播售卖的场景等，甚至连专门的主播都不需要有，就可以带来流量，就可以吸引附近的顾客前来。再进一步，还可以在直播中带货，这样通过一个视频号就打通了线上和线下，而且能覆盖到方圆 20 公里的潜在消费者。"附近"的功能还有很多可以创新出来的玩法，以上只是抛砖引玉，希望引起实体商家的重视。

其次，实体店还可以拿出一些优惠券或者小礼物，号召顾客关注、点赞，或者转发你的视频号作品到朋友圈。比如：顾客关注你的视频号给什么礼品、点个赞给什么礼品，还可以专门设置各种年、节、活动的场景，鼓励用户自动自发地把消费场景做成一条视频号动态 + 标记店铺地理位置发出去。这里面玩法太多了，实际上过去用的一些营销手段，都可以用视频号重新玩一遍。尤其是现在视频号才刚刚普及，用户都有"新鲜感"，参与的动力是很足的，谁先想到、谁先去做，谁就有获取海量用户的机会。

图 1-10　点击视频号"附近"显示附近的视频号博主和直播

顾客的一个赞、一个和你有关的作品背后就是一众的人脉！如果一家店一天有几百个、上千个顾客为你点赞、转发会怎么样？如果一家企业有成百上千家乃至上万家实体门店做这件事情会怎么样？我们完全可以想象出这个社交裂变的超级威力。比起打广告，这种玩法可能更高效，实体企业和实体店完全可以把广告预算拿出来一部分做这件事。尤其是当下很多实体企业还没有开通视频号，即使开通了也没有很好地运营，即使运营了很多玩法他们也不一定能想得到。这就是时代给予的机会红利，而且是红利中的红利，稍纵即逝！

3. 企业在视频号上至少可以做三件事

第一，获取到更低成本的流量，搭建私域流量池；

第二，做品牌传播，通过社交裂变，直接出圈；

第三，直播带货，完成线上线下一体化的数字化转型升级。

视频号不仅是个人，更是企业在 5G 时代通过短视频逆袭的最好机会。早期开通视频号运营，投入也不会太高，这是企业以小搏大的好机会。视频号一定也会像公众号一样，在未来的几年里，成为企业常态化运营的标配。个人和企业都要顺势而为，尤其现在企业开通视频号并常态化运营的极少，越早抓住，机会越大！今天的企业一定要开通视频号，视频号给企业带来的机遇会更丰富。每个企业都一定要打造视频号团队，一支团队至少顶 100 个营销人员！

我们正在经历"人的数字化"转型，移动互联网让每一个用户的衣食住行都可以"扎根"在手机上，以"人"为核心的生意模式变得触手可及，在围绕"人"的这一轮数字化浪潮中，"人－货－场"的数字化变革正在全面提速。借助视频号、借助腾讯生态从"人"出发经营生意，是"人－货－场"融合趋势下的必然逻辑。

任何赛道比的都不是谁来得早，而是比谁准备得更好。

整个 2020 年，都没什么特别好的商业机会，视频号是互联网江湖几年才会出现一次的机会，非常值得去探索。视频号刚诞生一年多时间，对比公众号我们可以知道（2012 年上线的公众号，2015 年才是最火的时候）未来 3 年都将是视频号的超级红利期。视频号就是冲锋号！比起 2020 年年初视频号刚刚启动内测，我们的入场不算太早，但从现在开始重视它、抓住它，也一点不晚。

第 2 章

创建视频号，
打通微信生态指南

在认知到视频号的巨大趋势和商业红利后，无论是企业还是个体都有必要尽早开启自己的视频号运营。只有创建了自己的视频号才有可能挤进短视频风口下的这条新赛道，你的品牌、你的思想、你的价值主张才能够被更多人发掘、传播，不断被更多人看到。所以我们说创建视频号，在某种意义上是打造了一把链接未来新商业的钥匙。而怎么使用这把钥匙，我们如何用这把钥匙打开微信生态红利的大门？让我们一起来学习微信视频号的创建运营指南。

创建视频号,注册及认证指南

如何打开和关闭视频号

相信我们同样是微信的重度用户,每天有相当一部分的时间生活在微信的世界里。在微信视频号上线的一年里,越来越多的人开始了解和关注视频号。让我们了解一下如何打开视频号,进入视频号的世界。

1. 视频号的浏览入口

首先打开微信 App,然后点击界面底部的"发现"。在"发现"界面会看到视频号的入口,正位于朋友圈下方。点击"视频号"

图 2-1 视频号浏览体验

即可进入自己的视频号主页,在这里你可以浏览视频号作品,点赞、评论、收藏、转发你喜欢的视频号,或者启动创建自己的视频号以及开始发布自己的内容作品。

2. 视频号的关闭操作

视频号有动态变化的时候会以"小红点"提醒的方式出现在"发现"页,比如我们的视频号收到了别人的私信消息的时候,如图 2-2 所示就会有"私信"小红点的提示,如果我们的微信好友在视频号页面点赞了别人的视频号作品,如图 2-3 所示我们的发现页"视频号"栏中就会出现"赞过"小红点提示等。

图 2-2 视频号"私信"提示

图 2-3 微信好友"赞过"视频号作品提示

也有人在视频号上线后不太适应,觉得看着视频号的"小红点"信息提示会觉得不断被信息干扰。

如何关闭视频号,操作步骤如下:

第一步:打开微信 App,依次点击"我"—"设置",如图 2-4 所示;

第二步:点击"通用",如图 2-5 所示;

第三步:点击"发现页管理",如图 2-6 所示;

图 2-4 微信"设置"功能入口

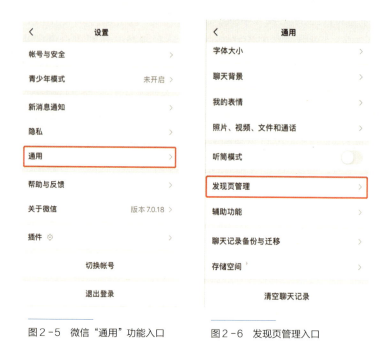

图 2-5 微信"通用"功能入口　　图 2-6 发现页管理入口

第四步:把视频号的开关按钮,从右边拖到左边(如图 2-7 所示),变成灰色。这样"视频号"就完成关闭了。

视频号功能入口关闭,只是隐匿在"发现页"不可见,不会清理你的视频号的相关数据。当你需要打开视频号的时候,只需要在"发现页管理"里滑动按钮至右侧即可(如图 2-8 所示)。

如何创建自己的视频号账号

第一步:打开微信 App,依次点击"发现"—"视频号",如图 2-9 所示;

第二步:点击屏幕右上角的"小人头像",如图 2-10 所示;

第 2 章 创建视频号,打通微信生态指南

图 2-7 向左滑动按钮关闭视频号

图 2-8 滑动按钮至右侧打开视频号功能

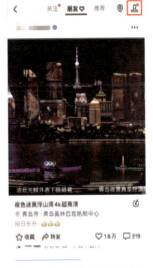

图 2-9 点击"发现"界面打开视频号

图 2-10 点击屏幕右上角"小人头像"

第三步：在进入页面后下拉界面—"我的视频号"—"发表新动态"，如图 2-11 所示；

第四步：在进入视频号创建页面后，如图 2-12 所示，按照要求依次填写"名字"、选择"地区"，最后选取"我已阅读并同意"，很简单就完成你的视频号创建了。视频号创建时头像默认为你的微信头像，如需要更换头像，点击"替换头像"进行修改即可；

图 2-11 点击"发表新动态"　　图 2-12 依次填写好创建所需信息

第五步：视频号创建成功后，如图 2-13 所示，在"资料"页面，我们可以补充"性别"信息以及填写视频号"简介"。

视频号创建的五点注意事项：

第一点：在创建视频号时，你的视频号的头像、名字、简介等信息都可以和你的微信账号信息不同。在这里你可以把微信视频号当作一个独立的账号看待，根据你想在视频号平台打造的人设规划进行设置，当然也可以和微信账号信息保持相同。

第二点：视频号"名字"最多能够输入20个字符（1个汉字占2个字符，1个字母或者数字占1个字符），这就是说视频号名字最多可以设置为10个汉字。在填写视频号名字的时候建议简单好记，不要过长。

图2-13 可以继续补充完整性别和简介信息

第三点：视频号"名字"中部分特殊字符是不可用的，比如@、#等。如果账号名字要必须带有品牌名和昵称两种要素的话，目前亲测可以支持的是"-""&"，比如可以注册成"九姑娘-青玫范儿"、"九姑娘&青玫范儿"。但是（如图2-14所示）"九姑娘@青玫范儿"、"九姑娘#青玫范儿"是无法通过注册的，同时测试带有"视频号"三个字的名字官方也已经不准通过了，比如注册"九姑娘视频号"是不可行的。

第四点：视频号在完成创建之后，（如图2-15所示）除了创建账号时设定的名字外，一年有2次修改机会，建议在创建前做好视频号名字规划，切勿过于盲目或

图2-14 带"@"符号的"视频号"注册不能通过

仓促。这里补充一句头像修改不限次数,可于任意时间更换。

第五点:企业在注册视频号的时候,尽量选择用企业公用的微信账号。因为视频号和微信账号是强绑定关系,如果用企业员工个人微信号注册企业视频号账号,很容易因为出现员工离职或者变动而造成不必要的麻烦和纠纷。

图2-15 一年内有2次修改机会

视频号的认证类型与步骤

视频号认证一共分为兴趣认证、职业认证以及企业和机构认证三类。顾名思义,如果你注册的是企业号,那选择企业和机构认证(以下简称:企业号认证)即可。如果你是个人号号主,可以根据情况选择兴趣认证或职业认证。视频号号主可以根据视频号账号的主体身份选择合适的认证类型,每种类型一年有2次认证机会。

1. 个人号认证(兴趣认证与职业认证)

1)兴趣认证

兴趣认证包含三类:自媒体、博主、主播。不同类型的选择主要是看账号的属性。自媒体认证包括美食自媒体、旅行自媒体、科普自媒体、互联网自媒体等;博主认证跟自媒体类似,包括美食类博主、娱乐类博主、旅游类博主等;主播认证包括主持人、电台DJ等。如图2-16所示,@夜听刘筱视频号认证的是情感博主,@房琪kiki视频号认证的是旅游自媒体等。

图 2-16　情感博主@夜听刘筱、旅游自媒体@房琪 kiki

选定类型后,(如图 2-17 所示)提交以下任一种证明资料即可:

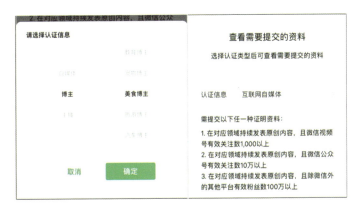

图 2-17　认证需要提交的资料

- 在对应领域持续发表原创内容，且微信视频号关注数 1000 人以上；
- 在对应领域持续发表原创内容，且微信公众号关注数 10 万以上；
- 在对应领域持续发表原创内容，且除微信外的其他平台粉丝数 100 万以上。

关于个人兴趣类账号认证的提醒建议

个人兴趣类账号的认证要满足两个基本条件：持续发表原创内容以及视频号有效关注数 1000 以上，这两个条件是缺一不可的（如图 2 – 18 所示）。

很多视频号号主创建账号后，第一关注的如何快速将有效关注用户增加到 1000 以上，忽略了视频号的日常运营。在这里提醒视频号号主一定要坚持原创，目前来看靠搬运其他平台的内容来引流增粉可以，但是通过认证的难度是比较大的。

如图 2 – 19 所示，要注意视频号账号头像的规范性，这个细节也是我们经常会忽略的。比如视频号头像一定要规范、符合形象人设。切勿上传二维码以及低俗色情等不符合微信平台价值的图片作为头像，这样在申请认证时极容易被拒绝，很难通过。

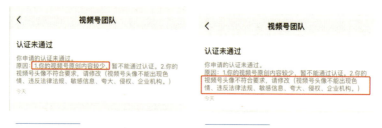

图 2 – 18　原创内容较少未通过认证　　　图 2 – 19　头像不符合要求未通过认证

2）职业认证

职业认证是指，认证者目前从事学术、医疗、文化、艺术、游戏、动漫、体育等相关行业。在认证时,认证者要向平台提供各级人事部门颁发的相关行业中级及以上职称证书,或者提供具有社会影响力的相关获奖证明。

申请职业认证需满足以下要求:

- 最近30天发表过1个视频号动态;
- 已填写视频号简介;
- 不同职业有不同的认证要求,提交在职证明、职称证明、作品荣誉证明、行业协会会员证明等材料证明影响力有助于提高认证成功率,如图2-20所示。

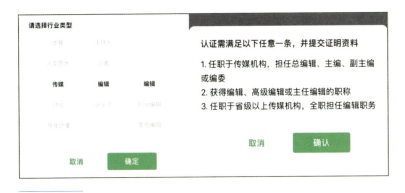

图2-20 认证需要提交的证明材料

同时个人号认证还可以邀请自己的好友辅助认证。但是好友辅助同时必须满足两个条件:

条件一:认证身份和你申请认证的领域一致。比如你认证的身份是美食博主,那么辅助你认证的那个好友也必须是美食博主。

条件二:你们必须是已经认识超过三个月的微信好友。这与之前视频号申请推出的"邀请卡"玩法一样,从这点也可以看出微信生态对熟人社交推荐标签的重视。

2. 企业号认证（企业和机构认证）

企业和机构认证适合非个人主体（如政府机构、企业、品牌机构、媒体、社会团体等）申请。企业号认证和个人号认证一样：都需要个人微信的实名身份认证，目前微信视频号所有认证全部免费。

"企业和机构认证"是通过已认证的同名公众号为视频号认证：

- 每个视频号每年有两次认证机会；
- 一个公众号只可以认证一个视频号；
- 由公众号管理员扫码确认；
- 公众号名称需与视频号一致（如图 2-21 所示），管理员扫码确认后公众号主体信息将展示在视频号上；
- "企业和机构认证"通过后，视频号昵称后方将带有蓝 V 光标。

在这里需要提醒大家的是：如果你选择申请"企业和机构认证"，首先需要使用已认证的同名公众号为视频号账号认证，在认证通过后，该账号将被认证主体使用。

所以，视频号平台特别提醒大家：请使用合适的微信账号发起认证。也就是说：当你使用个人微信账号申请了"企业和机构认证"时，相当于你把个人微信视频号账号的使用权转让给了企业。需要提醒大家的是，目前一个微信账号只能创建一个视频号账号，且在创建成功

图 2-21 公众号名称需与视频号一致

后，该视频号账号不能和另一个微信账号绑定。因此，我们建议，企业在创建企业号之前，最好能注册一个专用于企业号宣传和营销运营的微信账号。

视频号账号在通过"企业和机构认证"后，系统会生成一个认证详情界面，如图 2-22 所示，具体内容包括"企业全称""认证时间"及"工商执照注册号/统一社会信用代码"。

认证成功后账号名称旁会有相应等级的图标（如图 2-23 所示）。

图 2-22　企业和机构认证后详情信息

图 2-23　认证成功后账号名称旁会有相应等级的图标

3. 个人认证和企业认证的区别

个人号与企业号最明显的区别是，在号主的视频号主页上，视频号名字后面紧跟的标识颜色不一样。通过"个人认证"的标识是黄色的，而通过"企业和机构认证"的标识是蓝色的。

据目前的各项数据分析来看，我们还未发现黄 V 或蓝 V 有明显的传播优势和其他特权。不过参考目前微博成熟的认证体系，视频号后期肯定也会赋予蓝 V 和黄 V 不同的等级权益，这点是可以期待的。

视频号的作品发布与管理

视频号如何上传和发布作品

创建视频号后,我们就可以开始视频号的运营了。视频号的内容发布目前是没有数量限制的,也就是说我们可以每天上传一个视频号作品,也可以一天内上传五个、十个甚至更多,也可以几天上传一个。视频号和公众号的内容推送规则不同,没有数量限制对视频号的号主来说是很利好的一个机制。

以下是上传和发布视频号作品的关键步骤:

第一步:如图2-24所示,打开微信App点击"发现",然后再点击"视频号",进入主页面。

图2-24 进入发现界面打开"视频号"

第二步:如图2-25所示,点击主页右上角的小人头像图标,进入二级界面,然后点击界面最下方的"发表新动态"之后弹出"拍摄"和"从相册选择"。

"拍摄"是指直接用手机拍摄视频或图片。"从相册选择"是选择保存在手机中的事先剪辑好的视频或图片。

第三步:如图2-26所示,"选择封面",现在视频号不再默认第一帧作为首页封面。创作者也可以滑动播放进度条,在视频内容选择一帧合适的画面做封面,然后点击"完成"进入下一步。

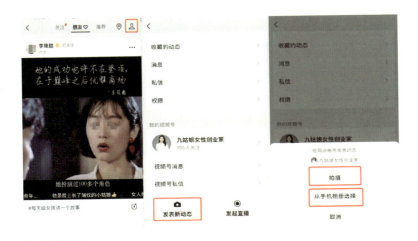

图2-25 按步骤打开并发表新动态

图2-26 可以任意选择其中一帧作为视频封面

第四步：依次完成"添加描述""#话题""@提到""所在位置"和"扩展链接"等操作之后，点击"发表"按钮，就完成了所有操作步骤。

其中"添加描述"时，字数不要过多，篇幅不要过长，尽量保持在三行或三行以内。在视频号主页上，每条视频下方可显示的文字不超过 60 个字符，超过的字符会被折叠，需要点击"全文"才能看到。

视频号上线作品的内容标准

1. 视频号的内容发布标准指南

我们在运营视频号、制作视频号作品之前首先要了解视频号作品的内容形式和标准以免制作出来的视频作品不合标准或者偏离标准，浪费时间和精力。在这里我们精简概括了 10 个要点，供大家参照：

第 1 点：视频号作品支持发表 60 秒以内的短视频以及 1～15 分钟或 30 分钟的长视频，视频最短 3 秒，图片最多 9 张；

第 2 点：视频单个最大 1GB，图片单张最大 20M；

第 3 点：视频横屏尺寸为 16:9（1080px×608px），竖屏为 6:7（1080px×1260px）；

第 4 点：视频号作品可以以视频 + 文字为主，也可以是图片 + 文字；

第 5 点：视频号作品不能纯发文字，描述文案超过三行会自动折叠；

第 6 点：文案编辑时可以添加话题#×××#，也可以@某人（视频号内的博主）；

第 7 点：视频号配文最多 1000 字，可以发布纯图片或视频，但不建议以纯图片或视频发布；

第 8 点：可添加公众号文章链接以及位置定位，可以提前准备公众号和公众号文章素材；

第 9 点：视频号每天可以发布多条，不限条数；

第 10 点：支持选择多个视频进行剪辑，支持分段拍摄。

2. 视频号上传视频的尺寸要求

如果视频以竖屏模式播放，分辨率要求是 1080px×1260px，建议宽高比为 6:7；如果视频以横屏模式播放，分辨率要求是 1080px×608px；建议宽高比为 16:9。

表2-1 视频号内容上传分辨率与其他平台对比

	分辨率	满屏	裁剪
视频号	1080px×1260px（横屏） 1080px×608px（竖屏）	1080px×1260px（横屏） 1080px×608px（竖屏）	若是竖屏，上下裁剪345px
抖音号	1080px×1920px	1080px×1920px 横屏默认上下部分是黑色	若是横屏，背景默认黑色
微博	1920px×1080px（横屏） 1080px×1920px（竖屏） 1080px×1230px（视频号分辨率）	1080px×1920px（横屏） 1920px×1080px（竖屏） 视频号背景默认黑色	若是视频号尺寸，背景默认黑色

一般来说，我们主要以两种方式拍摄视频，一种是直接用手机拍摄和剪辑，另一种是用单反相机拍摄和用电脑剪辑。如果是手机拍摄，我建议以横屏模式拍摄。如果想以竖屏模式拍摄，建议使用1:1的比例拍摄，因为在上传视频时，平台会自动剪视频尺寸。

宽高比在 6:7 至 16:9 之间的视频都可以直接发布，但超出这个比例范围的视频会被平台自动裁剪掉一部分。

3. 视频号上传图片的尺寸要求

视频号对于图片尺寸的展示是有要求的：竖屏图片要求分辨率是 1080px×1260px，建议宽高比为 6:7；横屏图片要求分辨率是 1080px×608px，建议宽高比为 16:9。

宽高比在 6:7 至 16:9 之间的图片可以直接发布，其中包括设置高宽比为 1:1 的方形图片，但超出这个比例范围的图片会被平台自动裁剪掉一部分。同时上传多张图片时，平台也会按照第一张图片的尺寸比例对其余图片进行裁剪。

当我们一次上传多张图片后，视频号并不会以"朋友圈九宫格"或者"自动播放"的形式展示。因此，放在既有动态视频亦有静态图片的视频号信息流中，很容易让人以为没有顺利加载而快速滑走，浪费了你精心准备的内容。不过，大家不用担心，在这里分享两个小技巧帮助大家解决问题：

第一个：如图 2-27 所示，下方附加文案中，标示出"多图预警""左右滑动查看更多图片"等字眼；第二个：在上传的第一张图片上，标注"多图预警""左右滑动查看""更多美图翻页"等提示语。

图 2-27　添加"多图预警"文字提示

4. 视频号作品要横屏还是竖屏

如果习惯在抖音和快手这两个平台上发布视频，那么当你在视频号上发布视频时，就会很纠结：是选择竖屏好还是选择横屏好呢？当然对于刚涉足短视频制作的新人，很多是没有横屏和竖屏的概念的。比如早期我习惯性一直竖屏拍摄，慢慢通过学习才清晰了横屏和竖屏的不同。这里也为大家科普一下：

1）横屏：电影诞生时，就以横屏的方式出现，宽屏更符合人眼可视范围，能容纳更多信息量，适合影像艺术创作、拍摄风景类视频。

2）竖屏：竖屏符合手机用户持握阅读习惯，视觉冲击力更大，利于展示个人化内容，人物呈现效果好，适合个人才艺展示、情景表达类视频。

横屏
内容效果好：适合风景展示、Vlog播放；按照视频号尺寸制作，还可以加字幕，这样大家就能直观知道接下来你要讲什么。

竖屏
视觉冲击力强：人物呈现效果好，适合情景剧、才艺展示，如果你的视频内容主要以人物为主，建议用竖屏。

图2-28 视频号横屏视频和竖屏视频的对比

竖屏视频平台的代表是抖音，抖音的全竖屏模式很容易给用户带来一种沉浸式的观看体验，用户将一个个视频"刷"下去，很容易忘记时间的流逝，所以抖音被称为"杀时间神器"。和抖音不同，视频号更偏向横屏模式，虽然牺牲了一定的用户观看体验，但增加了互动性，这反而更加符合微信的"社交基因"。

根据视频号对视频尺寸的要求，横屏视频也更便于加字幕，这样用户第一眼就能直观地知道视频接下来要讲什么。所以我们在运营视频号时第一要义就是要去理解微信平台的特征，研究微信平台的底层逻辑。才能够在运营过程中获得更多平台的红利。对于同时运营多平台的伙伴来说，也可以采用两种拍摄同时进行的解决方案，针对视频号平台投放横屏视频作品，对于其他平台上传竖屏视频内容。

发布功能的四个价值拆解

1."#话题"功能

以我示范性地上传一个视频为案例，给大家详细说明一下"#话题"功能的应用：

1）树立品牌化标签

用"#话题"功能在每个视频号作品描述里为自己树立品牌标

签。一是可以形成内容分类的作用,二是通过系统的标签建立,可以形成自品牌的内容矩阵。例如#青玫范儿,我们在每个视频里都带有"#青玫范儿",在视频号的传播和裂变过程中,这个标签的曝光度不断提高,自然可收获话题的长尾效应。

2)建立搜索关键词

我们认为视频号是兼具公域流量和私域流量的双重价值的,借助"#话题"功能可以打造优质的关键词。优质的关键词设置,能够更有效地带来精准流量,当然目前视频号平台的内容还在初级成长阶段,正因为这样,开始系统化、专业化的运营更能促发红利。一个视频可能会涵盖多个关键信息:一种是根据经验直接选定关键词;一种是通过视频号搜索看关联视频号是否和自己的用户和定位匹配,在多次搜索对比后选定最合适的关键词。比如#孤独独立,是我为这个视频作品选择的关键词,因为它更能够触动女性创业者。这里建议大家多选择大众的、搜索度比较高的、受众比较多的词条去蹭流量、蹭关注度。我们要的不是更个性、更自我,而是更多地被发现、被传播。有的号主采用多热门标签、多关键词的描述也是可以参照的(如图 2-29 所示)。

3)形成联盟矩阵

"#话题"也是一种建立联盟矩阵的优质方法,比如"#视频号就是冲锋号"。"视频号就是冲锋号"是祝福、青木和九姑娘共同创立的视频号社群品牌,同时每个人都有自己的自品牌和自品

图 2-29 多标签、多关键词的设置

牌社群,通过这种操作,"视频号就是冲锋号"就变为既是独立社群又是联盟社群,我们用"#视频号就是冲锋号"这个标签建立联盟矩阵,对其中每个组织都有非常好的品牌效应和连锁传播价值。

"#话题"的应用玩法一定还有更多可以挖掘的部分,大家可以在以上的基础上不断测试和总结。看似一个简单的功能,如果运用得当,一定会成为我们运营和营销增长的加速器。

2."所在位置"功能

标记所在位置,更容易被同城的人看到。这个功能自动定位的是你的所在位置,当你选择显示位置时,在你的同城信息流里就建立了一个信号,如图2-30所示,你的"所在位置"显示是上海市,在点击这个位置时,所有标记"上海市"的视频号内容都会被抓取出来。

图2-30　由所在位置"上海市"抓取出来的视频号列表

如果是线下实体或者门店商家,设置位置坐标可以通过位置定位实现引流。同时我们可以选择创建"品牌地标",打个比方,"妈妈成长力"是一个社群品牌,我想更多地曝光这个社群让更多人看到，怎么办？每次上传短视频我都可以创建"品牌位置坐标"，我甚至可以设置多个子品牌位置坐标，例如"妈妈成长力青岛""妈妈成长力济南"等。

如何创建新位置

如果你想创建自己的"品牌位置地标"，操作步骤如下：

第一步：如图 2-31 所示，在进入视频上传界面后，点击自动定位的位置坐标，比如我的自动定位"青岛市"，点击进入位置管理页面；

第二步：如图 2-32 所示，在搜索框里敲入你要创建的地址名字。比如我想创建"妈妈成长力"，如图 2-33 所示输入"妈妈成长力"后点击搜索，没有搜索到"妈妈成长力"后进入下一步"创建位置"。

图 2-31 自动定位"位置信息"

图 2-32 打开搜索框

图 2-33 在搜索框里搜索"妈妈成长力"

如图 2-34 所示，根据要求依次填写好"位置名称""详细地址""所属类别"，在这里"选择地区"自动默认了所在省市信息，只有地区是可选可调整的。比如你的所在位置是在山东省青岛市城阳区，是不能修改成山东省济南市的。

完成位置创建之后，测试发一条视频号作品，如图 2-35 所示所在位置就变成了"青岛市·妈妈成长力"，大家可以着手创建一下自己的"品牌位置"。

图 2-34 填写位置信息创建新位置　　图 2-35 "青岛市·妈妈成长力"位置信息

3. "@"（提到）功能

目前更新后的视频号可以直接在发布及编辑时@其他视频号账号，点击会跳转到被@视频号的关注主页，可以起到曝光引流的作用。"@"（提到）功能从应用里可以分为两个：

1）添加"@自己"

比如视频号"舞蹈摄影师—石磊"在发布视频号时，添加了"@舞蹈摄影师—石磊"；视频号"两人食居"的号主在发布作品时添加了"@两人食居"，如图 2-36 所示；

@自己的视频号有两个价值：一是曝光自己的品牌和 IP，可以把它当作关键词露出的一种,二是用户在点击时可以直接进入你的视频号主页,优秀的作品＋"@自己"功能的组合可以非常有效地激发用户关注,为自己"锁粉"。

图2-36 添加"@自己"

2)添加"@他人"

添加"@"功能,一般@他人的情况更多(如图2-37所示)。比如@官方视频号、名人视频号或者知名大号以及在垂直领域比较优秀的号主,又或者是与自己建立了联盟互推关系的号主。我们可以用"@"功能和大IP和大号主进行互动,比如你@别人的时候,别人出于礼貌或者好奇会回看一下你的账号,这样我们就可以不断加强大号主对我们的关注度,可以在无形中通过大号主的流量热度给自己加分。

图 2-37　@官方账号

4. 关于"扩展链接"

如图 2-38 所示,平台目前仅支持公众号文章的链接,如果引用其他平台的链接,平台将提示发布者"链接未能识别"。建议为每条视频的"扩展链接"匹配相应的公众号文章,引导粉丝阅读文章,这是非常重要的,能给公众号账号带来新的流量和粉丝。在此提醒两点,第一,大家要好好经营自己的公众号,在微信打通全生态的趋势下,公众号的功能不断回温,接下来我们预测会出现新的一轮公众号注册热潮。第二,"扩展链接"不

图 2-38　添加扩展链接

仅支持添加号主自己的公众号链接,也支持添加别人的公众号链接。这里对公众号主体是谁没有限制,对是否和账号主体一致没有要求。

视频号流量较大、粉丝热度较高的一些号主已经开始通过"扩展链接"小功能实现广告变现。比如我们有个做教育的学员因为视频号做得不错,就被关注到,受邀以添加对方公众号文章的形式为对方曝光引流,在这个过程中自然获得了发布和推广收益。大家要善用视频号的小功能挖掘其中可以变现的机会。

如何删除和管理视频号作品

删除视频号作品的步骤

如果视频号号主对自己上传的产品不满意或者想对内容进行重新优化,希望删除掉某个或者某几个视频号作品,可参照以下删除视频号作品的操作流程:

第一步:进入"我的视频号"主页,你会看到自己所有上传视频号作品的视频列表,点击进入你想删除的那个视频,如图2–39所示;

第二步:点击屏幕右上角的"…",然后我们就能看到"删除"按钮,如图2–40所示;

第三步:如图2–41所示,点击"删除"后,这个视频就从作品列表中被移除了。

视频号作品上传后的管理操作

在视频号作品上传之后,我们还要熟悉已发布视频的几个功能操作,如图2–42所示:

图2-39 进入自己视频号主页点击"…"　　图2-40 点击删除按钮　　图2-41 确定删除该动态

1）发送给朋友

如图2-43所示，顾名思义，点击这个按钮操作，可以将这个视频分享给微信好友或微信群。

2）分享到朋友圈

这个也非常好理解，如图2-44所示，点击这个按钮操作，就可以把这个视频转发分享至微信朋友圈。目前还不支持转发到其他平台。

图2-42 视频号发布信息后的六个功能按钮　　图2-43 分享视频号作品给朋友　　图2-44 分享视频号作品到朋友圈

3）关闭评论

有些视频号号主开通视频号之后，会分享一些自己工作生活的感悟，对此，他们不想受到一些评论干扰，会选择关掉评论功能。如图 2-45 所示，点击"关闭评论"按钮，在关闭评论后，原有的评论内容对外不可见，仅限作者本人可见。

4）置顶功能

对优质视频号的动态排序和某个视频的突出呈现来说，置顶功能是个不错的选择。将较受欢迎或者需要提高播放量的视频置顶，可以在用户进入账号主页时以最快的速度抓住他们的眼球，从而点击右上角"关注"。如图 2-46 所示，目前视频号平台仅支持置顶两个作品。

图 2-45 关闭视频号评论

图 2-46 最多支持置顶两条动态

5）"原声跟拍"功能

视频号的"原声跟拍"功能和抖音、快手类似，如图 2-47 所示，点击视频右下角音符图标即可进入，创作者可以借此从热门推荐上找一些爆款的视频、音频，进行跟拍，完成后作品将出现在

"使用该原声的合集"中,蹭到热度的同时还免费占了一个曝光位。另外,原声跟拍省去了创作者寻找合适配乐的烦恼,在刷视频的时候看中哪段配乐即可立即创作,节省了不少时间。推荐号主们尝试一下。

图 2-47 原声跟拍功能

视频号平台更新攻略

微信在 2020 年 11 月份正式上线了 iOS 7.0.17 版本,更新了一众新功能,如图 2-48 所示。在这里同步和大家分享一下。

1. 视频号支持发送长视频

在视频号发表新动态时,选择素材后,如图 2-49 所示,会弹出"选择发表方式"的弹窗,提示可以发表一分钟以内的短视频以及 1 到 15 分钟或 30 分钟的长视频。目前我在后台测试,显示是 1 到 15 分钟视频,看来部分用户可发送的视频还是长度不一的,希望视频号早日开放可以发布 30 分钟长视频的权限。

图 2-48　微信新版本更新

图 2-49　支持 60 秒内的短视频和 1 到 15 分钟的长视频

虽然现在视频号支持发布长视频，但是在微信视频号页面的信息流中播放的只是完整视频的前一分钟预告。作为用户，如果想看到完整版视频，需要点击视频下方的"时长"按钮观看完整视频（如图 2-50 所示）。

同时如图 2-51 所示，视频号号主的主页也增加了"长视频"模块，里面是账号发表的长视频集合，会显示视频标题、时长、观看人数及发表时间。

图 2-50　点击作品时长观看完整视频　　图 2-51　长视频模块作品列表

2. 视频号更新后支持暂定播放、支持进度条拖动和关闭浮评

如图2-52所示,点击视频号作品会出现"已暂停"和"浮评"按钮,选中"浮评",视频底部会显示用户对本视频的评论和号主回复;取消"浮评"后,评论和回复文字关闭不再显示;再次点击暂停视频播放时,视频恢复播放进度。拖拽播放进度条可以任意选择你想要播放和回看的时间。

图2-52 支持暂停和取消浮评

3. 视频号长视频支持浮窗功能

进入完整视频界面后,点击视频时长右边的"缩小"图标,或者将页面往右下角拉,即可把长视频变成浮窗(如图2-53所示)。

图2-53 浮窗功能

4. 在视频号的"个人设置"界面关联已有的小商店

如图2-54所示,实现视频号内容和小商店变现的无缝打通,加速了微信私域电商的发展进程。

图2-54 视频号关联小商店

玩转视频号的进阶指南

玩转视频号直播

从2020年10月2日起,有不少小伙伴发现在视频号里,"发表新动态"的旁边多了一个新功能——发起直播。除了微信手机端视频号开通了直播入口外,微信也在通过各种途径为视频号引流,比如视频号直播曾一度霸占了"朋友圈"顶部资源。在视频号直播由于备受争议而被撤下朋友圈顶部的黄金位置后,微信依然不遗余力地为视频号拉高流量。

如图2-55所示,在视频号"朋友"版块下,新增"朋友在看的直播"推荐,将你的微信好友正在观看的视频号直播一一列出。

同时在视频号"关注"版块下,用户能看到自己关注的视频号号主的直播动态,如图2-56所示。在这里我们关注的视频号号主直播也将一一呈现在顶部。

图2-55 朋友在看的直播

图2-56 关注账号有直播时有小红点提示

另外，如图2-57所示，视频号灰度测试在"附近"版块中，将坐标附近正在直播的视频号在"附近的动态"顶部同步呈现，点击可观看该视频号的直播。

1. 是不是所有视频号都可以开通直播

不是。

目前视频号直播功能还在测试阶段，已经有一大批用户正在应用直播功能，预计到2021年春节期间，视频号直播功能将对全部微信用户开放。在测试阶段，直播功能为官方自动授权开放状态。目前来看能够开通直播功能的账号一般具有以下两个特点：第一，视频号开通时间相对比较长；第二，发布过一定数量的作品，在平台上属于活跃账户。

2. 如何查询自己的视频号是不是开通了直播功能

视频号正在内测直播功能，被内测的用户点开视频号个人主页面，就能知道自己是否获得了内测资格。如图2-58所示，如果个人页面新增了"发起直播"按钮就表明你已经获得了内测资格，开通了直播功能。

图2-57 附近的直播

图2-58 发起直播按钮

在这里说明一下，视频号直播还处于初期阶段。视频号直播无法对直播间的光线、滤镜进行调整，也没什么配乐选择，只能根据要求调用前置摄像头和后置摄像头，整体功能目前还是极为简单的。

3. 如何发起直播

直接发起直播的操作流程：

1）如图 2-59 所示，点击"发起直播"，可以看到两个选项，分别是"直播"和"直播预告"。也就是说你可以直接进行直播，也可以向你的粉丝先进行直播预告。如果直接发起直播，点击"直播"按钮即可。

2）点击"直播"按钮后就进入直播设置界面，如图 2-60 所示。大家可以根据实际情况设置"直播描述"、优化"直播封面"、点击右上角的"购物袋"添加好直播商品，完成后点击"开始直播"即可开启直播。

图 2-59 发起直播和直播预告

图 2-60 直播间设置

3）如图2-61所示,直播间左上方为当前累计进入直播间的人数以及当前在线人数,左下方为评论区;右上方的"×"代表关闭直播,旁边的"…"内含发送给朋友、分享到朋友圈、窗口最小化、关闭评论4个功能;右下角是购物车功能和点赞功能,目前购物车功能只能链接微信小商店,没有打赏功能,只有点赞功能。

4）直播结束,会显示直播时长、本场直播总观看人数,喝彩数(就是点赞)、新增关注人数等数据,如图2-62所示。

图2-61 直播间数据呈现

图2-62 直播结束后界面信息

发起直播预告的功能指南:

1)"直播预告"功能

简单理解就是可以设置未来直播时间,预告直播。预告信息显示在视频号下方,粉丝可以预

图2-63 直播预告

约直播,主播则可以撤销预告。直播开始时,预约过的用户就能收到开播通知。

同时,如果你的直播取消,预约过的粉丝也会通过微信"服务通知"收到你直播取消的消息,如图2-64所示。

2)粉丝如何预约直播

如图2-65所示,粉丝进入视频号号主的主页,如果该号主已经设置好直播预告,就会在号主的视频号主页看到直播预告的时间,点预约就可以。视频号号主也可以看到有多少粉丝预约了该场直播。

图2-64 直播取消提醒　　　　图2-65 预约直播提示

3)如何让更多人看到你的直播

视频号主页"朋友"页面顶部位置,如图2-66所示。如果你正在直播,在视频号主页"朋友"页面,你的微信好友以及在观看你视频号直播的微信好友的"关注"页面,都能看到你的直播信息。

视频号主页"关注"页面顶部位置,这里说的是关注你视频号的用户。如图2-67所示,如果你正在直播,关注你的粉丝点开视频号主页的"关注"页面,你的直播信息就会在顶部位置出现,粉丝点击就可以直接进入你的直播间了。

图2-66　朋友在看的直播

图2-67　关注的号主有直播时的提示信息

如图2-68所示,也可以通过分享给好友或者分享到微信群预告召集的方式,让更多你的粉丝和好友来关注你的视频号直播,如果能发动好友和社群伙伴一起分享转发就更好了。

如图2-69所示,直播创建好之后分享转发朋友圈是最直接的流量来源,喜欢你、关注你的用户会非常方便地在你的朋友圈信息内获取你的直播信息,点击进入你的直播间。

图2-68　微信群预热直播信息

图2-69　朋友圈分享预告直播

当然让粉丝或者更多人看到你直播的方式还有很多，比如和公众号关联，让公众号关注用户进入你的直播间；也可以制作成海报在线或者线下传播；还可以为直播拍摄 Vlog 提前在视频号流量池里做预热。方式多种多样。首先我们要学习和学会如何创建视频号直播，多测试几遍把流程熟悉起来。在直播的过程中自然会找到自己驾轻就熟的模式。

4）从视频号直播测试中得出的其他一些小心得

如图 2-70 所示，视频号直播可以设置最小化界面，方便我们同时处理其他事物，对用户来说是很人性化的一种设置。

如图 2-71 所示，目前视频号直播只能点赞，不能打赏，不能送礼物。基于微信平台比较克制的一贯风格，视频号未必会发展得像抖音、快手平台那么喧闹。可能整个界面还是会在不打扰用户体验、不削弱社交舒适度的原则下优化。

图 2-70　视频号直播可以最小化设置　　图 2-71　视频号直播只能点赞不能打赏

视频号没有通过认证也依然可以发起直播。最初有些视频号号主会有所顾虑，自己的账号刚开始运营，还没有什么粉丝积累，也没有通过认证，会不会被限制使用直播功能？目前亲测是不会的，这点请号主们放心。

玩转微信小商店

2020年10月微信视频号正式与微信小商店打通，视频号号主可以在视频号的"个人设置"界面关联小商店。随着微信视频号直播与微信小商店的互通，微信生态里的所有工具不再是一个个孤岛，开始实现了强大的互联。大家的关注点又回到了曾经一直被诟病为鸡肋的"微信小商店"，相信在私域电商的风口下，随着微信生态的完善，小商店终将发挥巨大的商业价值。

1. 什么是微信小商店

微信小商店是一个无须开发、免费开通、支持直播卖货的小程序。它有两个特点：

1）开通免费、平台服务免费；

2）自带直播功能。

2. 如何开通微信小商店

下面我们用测试账号给大家分享一下开通微信小商店的流程。

第一种开通路径：

第一步：进入视频号，点击进入"我的视频号"主页；

第二步：如图2-72所示，在关注详情下没有看到"小商店"说明这个账号的"小商店"还没有开通。按照箭头的指引点击右上角的"…"；

第三步：如图2-73所示，找到"我的小商店"，点击进入下一级界面后点击页面下方的"免费开店"；

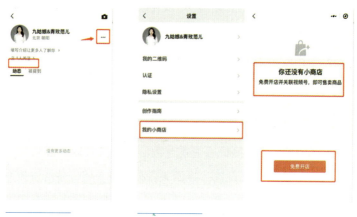

图 2-72　查看"小店"是否开通

图 2-73　小商店免费开店

第四步：如图 2-74 所示，在微信小商店的开通页面我们看到，创建类型分为两种：企业/个体户和个人。大多数普通个体视频号号主选择"个人"，选取"同意"后继续进行"下一步"，你的"小商店"就开通完成了。

小商店功能开通完成之后会在"我的视频号"主页体现，以后大家可以从"我的视频号"主页进入进行小商店管理，如图 2-75 所示。

图 2-74　小商店创建流程

图 2-75　从"我的视频号"主页可以进入小商店

第二种开通路径：

第一步：打开微信 App，点击搜索"小商店助手"，如图 2-76 所示：

图 2-76　搜索"小商店助手"小程序

第二步：如图 2-77 所示，进入小商店助手之后，点击"免费开店"，选择需要创建的类型。如果选择"个人开店"，选取同意后点击下一步，小商店直接就完成开通了，操作很简单方便。

图 2-77　小商店开店流程

补充说明：创建"企业/个体店"类型的小商店需要在 PC 端完成提交，如图 2-78 所示。

3. 微信小商店后台管理

1) 微信小商店商家后台登录入口

企业/个体店仅支持 PC 端管理，需要在 PC 端登录网址：

https://shop.weixin.qq.com/，用微信扫描二维码（注册小商店的微信号、超级管理员、添加的其他管理人员都可以扫码登录），在移动端选择对应小商店，即可跳转至小商店后台。

个体店仅支持移动端管理：在微信搜一搜里，搜索"小商店助手"小程序，点击"进入我的店"。

2）个体店后台基本管理设置

如图2-79所示，进入个体店后台，首先点击右下角屏幕中的"我的"图标，进入下一个界面后选择点击"店铺信息"。

图2-78 企业/个体店需要在网页端登录

图2-79 点击"我的"进入"店铺信息"设置

在店铺信息界面，修改自己小商店的基本设置，比如可以修改"店铺头像"、小店"名称"、"简称"以及小店"介绍"，如图2-80

所示。

在完成小店基本设置之后，如图2-81所示，我们可以打开"功能"界面，进行更细致的设置，比如"新增商品""分类管理""运费模板""地址管理"等，因为小商店的设置操作都比较简单、容易上手，在这里就不过多描述了。

图2-80　可以修改小商店基本信息　　图2-81　小商店"功能"版块界面

玩转小程序直播

小程序直播是微信官方提供的一种高效的经营、营销转化工具，商家可以通过小程序实现用户互动与商品销售的闭环。自2020年2月启动公测起，凭借其成本开发低、社交互动性强、帮助商家打造私域电商效率高等优势，小程序直播受到了众多商家的欢迎。小程序直播逐渐成为打造微信私域电商的一大利器，自上线至今已有超过10万商家开通。

1) 小程序直播的打开路径一：如图2-82所示，在微信小商店底部点击"功能",在"营销工具"栏目里找到"店铺直播",直接可以跳转到"小程序直播"。

图2-82 打开店铺直播

打开路径二:如图2-83所示,微信搜索"小程序直播",直接进入开始创建"直播间",如图2-84所示。

图2-83 搜索"小程序直播"　　图2-84 创建直播间页面

2)小程序直播的认证流程：在开启"小程序直播"前需要完成实名认证，具体操作步骤如下。

如图 2-85 所示，打开实名认证界面，点击"确定"进入下一步，然后"填写实名信息"："姓名"及"身份证号"，填写完毕后点"立即认证"。

图 2-85　进行实名认证

如图 2-86 所示，点击"人脸识别认证"，选取"同意"进行"下一步"完成人脸识别验证。

如图 2-87 所示，完成人脸识别验证后，你的小程序直播即可完成认证。认证成功后就可以创建自己的小程序直播的"直播间"了。

图 2-86 完成人脸识别验证

图 2-87 实名认证成功

3）小程序直播的直播创建流程：

第一，如图 2-88 所示，进入"小程序直播"小程序，点击"创建直播间"。

第二，在"创建直播间"界面，如图 2-89 所示，依次按照要求填写直播"标题"、选择"主播账号"、填写"主播昵称"以及设置"分享卡片封面"等信息，完成后选择"下一步"操作。

图 2-88　创建直播间　　图 2-89　直播间信息设置界面

第三，在"功能设置"页面，如图 2-90 所示，直播播主可以根据实际需要打开或者关闭某些功能，完成设置后，进行下一步操作。

第四，在直播正式开始之前，如图 2-91 所示，"小程序直播"可以进行直播前的美颜等设置。"小程序直播"相比"视频号直播"具备了美颜、清晰度、镜像等功能，在这一点上"小程序直播"的体验感会更好一些。设置好相关功能，就开始进入正式直播了。

图 2-90 功能设置　　　　　图 2-91 开播前确认设置

第五，如图 2-92 所示，在直播间测试了一下"导入商品"，整个过程非常流畅，同时也可以设置"优惠券"，方便直播间活动和成交转化。

图 2-92 直播时的
直播间界面

第六,如图2-93所示,点击直播界面右下角"…",在这里我们看到"小程序直播"的功能包括了"公告"、"生成分享海报"、"订阅用户推送"、"禁言管理"、设置"直播副号"以及"连麦"功能。这是"小程序直播"在营销和直播转化层面要远胜于"视频号直播"的方面。

第七,在"小程序直播"的直播结束界面,如图2-94所示,我们看到小程序直播抓取的数据指标着重包括了"商品点击",而"视频号直播"重点抓取"新增关注"。这是由这两个直播系统的底层架构决定的。

图2-93 点击"…"所显示的6种功能按钮

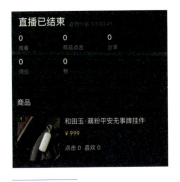

图2-94 直播结束后的界面信息

相对而言,"小程序直播"更侧重直播电商,突出产品,适合企业数字化升级以及私域电商。而"视频号直播"更侧重内容电商，突出人与人的连接，功能上更克制，保持了社交体验感，非常适合个人号号主以及有内容、有价值、有持续干货输出的企业号。简单来说，"视频号直播"是打造内容电商的一大利器。

玩转视频号助手

视频号助手很好理解，就是管理视频号的后台，对操作过微信公众号后台的号主来说，视频号助手后台就简单轻松多了。视频号助手的全面上线意味着，每一位视频号运营者都可以在PC端发布视频，这可比每天捧着手机操作方便舒服多了。目前，视频号助手有5个主要的页面：

1）首页
2）动态管理
3）数据中心
4）人员设置
5）通知中心

视频号助手需要号主或运营者从PC端登录，入口网址为：https://channels.weixin.qq.com/。

1. 首页

如图2-95所示，首页整体来看主要划分为4个板块，左上角为个人信息，右上角为消息通知，中间为昨日数据，最下方为最近动态。如未发表过动态则只显示"发表动态"按钮，发布过动态则呈现已发布动态列表。

图 2-95 视频号助手首页界面

2．动态管理

动态管理中，我们可以看到我们发布动态的总数量，以及查看每一条动态的浏览、点赞、评论、转发和收藏量，并可以设置评论权限、可见范围以及删除动态。

如图 2-96 所示，其中评论包括开启评论和关闭评论，可见范围仅包括公开可见和仅自己可见，目前功能还比较基础，可以选择的空间还比较少，相信微信的迭代一定会越来越完善。

图 2-96 动态管理界面

点击右上角的"发表动态"，进入"发表动态"页面。如图 2-97 所示，可发表的视频大小为 1G 以内，所以发布高清晰度的视频是没问题了。

图2-97 发表动态

在上传视频后会提醒视频的比例要求,如图2-98所示,超出的范围会进行调整。这里还是要提醒视频号号主们最好在拍摄的时候就选定合适的内容尺寸,这样做的视频质感会更佳。

下一步可以进行简单的截取时长、比例调整等编辑,时长限制在60秒以内,如图2-99所示。

图2-98 发表动态界面

图2-99 编辑视频

如图2-100，编辑好动态内容后，还可以用手机扫码预览效果。

在视频号助手界面发布动态确实是很轻松的事情，添加描述和整个操作比用手机端操作简单高效了许多，如图2-101所示。

图2-100 可以扫码预览视频作品　　图2-101 视频发布后的效果

3. 数据中心

如图2-102所示，在更新后的视频号助手的数据中心板块，包含了两个部分的数据：关注者数据和动态数据。

1）关注者数据

"关注者数据"板块分为关注者增长页面和关注者画像页面。如图2-103所示，在关注者增长页面我们可以清晰地看到关注者总数、周期指标、增长趋势以及增长详情。

图2-102 数据中心

图 2-103 关注者数据

关注者画像页面简单清晰地收录了性别、访问设备、年龄分布、地域分布等关注者的画像信息，方便视频号号主和运营者分析关注用户，及时调整和优化运营。

2）动态数据

如图 2-104 所示，"动态数据"板块含关键指标、数据趋势、数据详情，可非常清晰直观地看到"浏览次数""点赞次数""评论次数""分享次数""收藏次数"的数据详情和趋势。

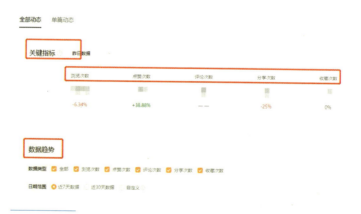

图 2-104 全部动态界面

在单篇动态页面，可以看到我们发布的作品以列表的形式汇总在这个页面，如图 2-105 所示，支持下载表格，一键导出视频号动态数据明细表。

图2-105 支持下载表格

4. 人员设置

如图2-106所示,人员设置页面显示有管理员信息。已经认证的视频号,可以绑定最多4个运营者,运营者可进行登录、发表、互动等操作。没有通过认证的视频号还不支持绑定运营者。

图2-106 人员设置界面

5. 通知中心

在通知中心,可以看到系统的全部消息提示,如图2-107所示。

通知中心	
如何让更多的人看到你的视频？	10月23日
有人给你发私信	8月13日

图 2-107 通知中心

玩转视频号的剪辑 App 清单

除了视频号目前自带的视频编辑和基本的剪辑功能外，如果你想要分段修剪、添加滤镜、添加转场效果、搭配合适的背景音乐，让视频更加丰富，则需要使用专业的视频剪辑与后期编辑 App。

1. 剪映

大家都知道剪映是一款和抖音配套的剪辑工具。很多运营者和抖音玩家对它已经不陌生了。剪映相对来说是一款很适合新手入门的工具，尤其推荐它的"剪同款"功能，包含了各种场景下一键生成的模板，只要导入素材即可。适合日常生活中对视频没有特别需求的用户。如果你只想下载一个剪辑类的 App 的话，剪映可满足基本功能。一般很多视频号号主和运营者会用剪映的"剪同款"功能来制作视频号的片头和片尾，如图 2-108 所示，简单方便，适合新手操作。

同时剪映的"创作学院"里面有很多官方课程，也有大 V 的课程，想进一步学习的用户可以在专区中寻找。据悉，剪映还将推出基于 Windows 和 Mac 平台的专业版，支持西瓜视频一键登录、发布。

图 2-108 剪映 App

2. 秒剪

秒剪是腾讯发布的一款剪辑工具,它的优势在于设计出色,极易上手,而且默认的画幅比例是 6:7,可以说是为视频号量身定做的创作工具。在这里多为大家说明一些:

如图 2-109 所示,秒剪 App 在界面设计上非常简约,而在功能设计上,秒剪提供三个功能模块,分别为导入素材、输入文字或录音,以及草稿箱,其中最主要的还是导入素材这一环节。

登录秒剪后,用户首先要选择导入素材,目前可以从本地的相册中选取视频或照片,紧接着会进入编辑页。如图 2-110 所示,在编辑页里,秒剪有很多精致的设计样式,比如滤镜、转场、特效、花字、字幕、文字与贴图、歌词素材等,还提供海量音乐(来自 QQ 音乐)供配乐选择。

图 2-109　秒剪 App　　　图 2-110　秒剪编辑界面

经过简单的编辑后,用户就可以对视频进行保存,作品会存储在草稿箱以及本地相册中,同时用户也可以直接将剪辑后的作品发送给微信好友、分享到朋友圈,如图 2-111 所示,特别是它支持发布到视频号,是比较便捷的。秒剪是自动化的操作,没有复杂的功能,适合不想在剪辑上花费太多时间的朋友。随着视频号的快速发展。我们相信秒剪也会随着视频号的迭代不断完善和推出更多适合视频号平台的功能。

图 2-111　作品可以发布到视频号

3. 快影

快影深受快手等热门短视频平台用户喜爱，是一款无广告、专业视频拍摄、视频剪辑和视频制作的工具。如图 2 - 112 所示，有着丰富的音乐库、音效库和别样的封面。在许多功能上与剪映相同，毕竟都是短视频平台下的视频剪辑器。快影软件内还有热门教学，有助于用户更好地学习怎么做短视频、上热门等。快影和剪映的功能基本上差别不太大。

快影刚推出时，字幕自动识别的功能很吸引人，不过现在字幕识别渐渐已成为手机剪辑软件的标配。目前快影中有个文字视频的功能，可以快速生成动态文字视频。

图 2 - 112　快影 App

4. VUE Vlog

VUE 是一个原创 Vlog 平台，倡导用视频表达自我。拍生活中的场景建议使用 VUE 软件。如图 2-113 所示，VUE Vlog App 基本的剪辑功能都有，简单易用，还实用。滤镜非常多，且这是目前几款视频剪辑 App 里我个人认为滤镜功能"颜值"最高的。音乐曲库、贴纸、字幕、标签等也都齐全。它的功能比秒剪丰富，但是又没有抖音那么花哨。尤其它的滤镜，会让作品很有大片的感觉。不过有些好看的素材是需要购买会员才可以使用的。

图 2-113　VUE Vlog App

它也设置了几款 Vlog 的模板，可以直接选择，导入的素材简单修改和编辑即可生成好看的 Vlog。Vlog 也是视频号内容的一种重要的形式，比如我们会生产很多美食类 Vlog、旅游类 Vlog 以及亲子类 Vlog 等，在这里一款好用的 Vlog 工具就显得很重要了。

5. Quik

Quik 软件是一款页面比较简单的视频剪辑器,操作界面很符合扁平化思维。如图 2-114 所示,它可以帮你自动制作视频,你只需要导入你的图片或者视频,炫酷魔幻的模板可以随便使用,完全免费。基本功能与其他软件相差不大,但是这款软件有个缺点就是音乐库曲目比较缺少,有时得导入音乐,非常麻烦。

图 2-114 Quik App

6. 爱剪辑

爱剪辑的功能在国内视频剪辑平台应该可以说是比较厉害的了,如图 2-115 所示,比较细致,也更加专业化、模块化。据说电脑版的比上述其他的几款都要强很多,电脑版的要注册为 VIP 才能导出作品,手机版的功能比较简单,但是整个界面的"快手"感十足。当然，视频剪辑这件事情每个人的喜好风格和操作习惯不同，大多数 App 的功能还是足够普通的短视频爱好者使用的。

图 2-115　爱剪辑 App

这些视频剪辑 App 都涵盖了视频剪辑、视频特效、视频滤镜美颜，以及丰富的音乐库、字体库、素材库，能够帮助你高效地剪辑出自己心仪的短视频作品。选择一款符合自己风格的视频剪辑 App，能让你的制作更加得心应手。

第 3 章

视频号 + 私域社群引爆势能

微信视频号的出现,彻底地将微信生态的商业系统打通了,进一步提升了微信社群的商业价值,视频号成为社群主打造 IP、社群用户互动的新型可视化社交载体,没有视频号,社群用户的信任力打造、内容运营、用户互动等效率会大大降低;没有社群,视频号的涨粉、评论、点赞、直播带货也会变得艰难,可以说视频号和社群是微信社群商业的新机遇,视频号轻创业适合每一个平凡的个体和企业。

如何借助视频号引爆私域流量

在今天的商业生态里，高效获取流量的方式不再是野蛮的广告、传单、电话、扫楼，而是逐渐转向了内容营销、IP 引流、社群营销、场景引流、社交裂变。从 2014 年到 2020 年，整个互联网内容生态经历了 3 次变革。2015 年的第一次变革还在图文时代，更多的是广撒网式地做内容；2018 年，短视频浪潮崛起，头条、腾讯、百度大战，奠定了内容生态的核心地位，我们开始有针对性地在特定平台做内容；在 2020 年这个特殊的年份，直播电商、内容电商、"视频号+"席卷而来，微信视频号开始强势崛起，更多的微商、传统电商、自媒体人、社群主、实体零售企业开始拥抱视频号。

当内容形式从图文、音频迈入短视频、直播的时候，意味着新的一轮洗牌到来了。内容平台的功能升级会倒逼平台上的所有创作者开始从长图文转向短图文，再转向短视频和直播。当所有的创作者都改变了内容生产方式的时候，用户获取信息的习惯也将会被逐渐改变。用户的时间对于内容平台而言，就是精准的流量。不论是抖音、快手，还是小红书、B 站、视频号，他们都在扮演着"中间商"的角色，完成信息的传递，以此培养了创作者的更新习惯和用户的阅读习惯。

随着流量的碎片化，企业已经开始意识到获取流量的成本越来越高，甚至开始面临砸钱也抢不到精准流量的困境，企业必须要开始做精细化的私域流量经营。把流量"当人看"，注重用户的终身价值贡献，从流量思维转向"留量"思维，这是 2020 年企业最大的共识。围绕内容平台和私域业态的布局，如何搭建最短距离、最低成本的私域流量池呢？

什么是私域流量

前面也讲过，私域流量是相对于公域流量而言的，私域流量指的是在自己手里、可控制、可随时触达的流量。对于做社群的人而言，往往会把社群当作私域流量池，而这个社群是围绕群主的 IP 所构建的社交圈层，包含了微信群、朋友圈、线下活动等多元运营场景。

如何壮大社群这个私域流量池，重点是把自己的微信个人号、公众号、视频号、微信群的用户规模变大。只要考虑清楚了这个问题，围绕"用户规模增长"，就有了很多社群裂变增长的玩法，依托"个人号 + 海报 + 朋友圈 + 公众号 + 群"的方式完成用户的积累，这是微信生态内的私域流量增长的打法。伴随着视频号的出现，以及微信官方主推的企业微信，我们不得不尝试新的微信生态裂变增长玩法，并融合外部公域流量的打法，形成一套更完整的私域流量经营闭环。接下来，我们一起了解不同的私域流量闭环如何设计。

从公域流量走向私域流量

相对于微信生态，我们把其他平台都称作公域流量平台。图文时代，公域流量平台主要有知乎、百家号、头条号、微博、搜狐、网易等；在直播和短视频时代，随着 5G 网络技术的普及，越来越多的年轻人开始关注短视频、直播，比如抖音、快手、淘宝直播、小红书、B站等。这些平台不断丰富的内容形式，正在逐步拉近人与人、人与商业、人与产品/服务的距离。

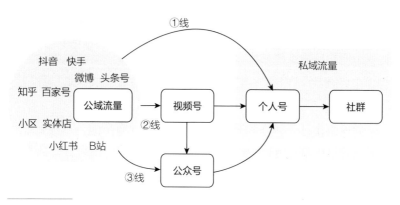

图3-1 "双域流量"自循环系统

近两三年来，类似百度搜索、360搜索、新潮传媒、分众传媒等广告、传媒公司都有业绩下滑的迹象，这也从侧面反映了现在的金主（企业）已经开始减少在传统广告上的投入，转向更具有社交流量价值的抖音或快手主播、朋友圈、社群等渠道投放。同时大部分企业也开始在各大内容平台做内容，本质上加大了内容营销的投入。在视频号还没有出现之前，我们大部分的引流工作都离不开从公域流量向私域导流，重点选择是图3-1中的①线和③线。

图文类内容的创作者经常会在知乎、百度贴吧、头条号等平台输出内容，一般会习惯性地在文章结尾处留下公众号或个人微信号，目的就是为了向自己的私域引流。近几年，由于各大内容平台对流量的封闭设置，现在已经不能直接在文章中留任何微信号或公众号的ID了，要从这些内容平台引流到私域，只能通过简介、评论、私信等比较委婉的方式，引导用户跳出内容平台再添加微信。

视频类内容的创作者会重点投入抖音、快手、淘宝、京东、小红书、B 站等平台，尤其是在今年，直播电商竞争异常激烈，在这条赛道上，每个平台都在打造自己的直播电商闭环案例，比如快手有了辛巴、董明珠，淘宝有了李佳琦、薇娅，抖音有了罗永浩、三江锅等。在私域流量的获取上，这些视频类内容的创作者依然会往微信导流，比如在账号"简介"、私信、评论等功能区引导用户添加微信，直接采用图 3-1 中的①线，将大量的公域流量平台用户导入微信个人号、微信群里。

比如李佳琦在做直播带货时，就会借助社群经营好私域流量。网友可能连"李佳琪"和"李佳琦"都分不清，看直播也只是为了看个热闹。但自从加入李佳琦的粉丝群后，好像中毒了似的，也开始在直播间疯狂"剁手"了。

图 3-2 网友表示在李佳琦的粉丝群中天天被"种草"

出于好奇，我"卧底"进入了李佳琦的一个粉丝群，进群之后我发现，运营做得确实很好。我进的粉丝群序号已经排到了 500 多了，按照每个群 400 人的规模，保守估计也有 20 万人，而且用户活跃度很高。不论什么时候点开微信群，都有很多人在讨论美妆、护肤，甚至几乎都不需要管理员来干预，大家都能在群里聊得热火朝天。

现在"公域+私域"双螺旋的引流打法已经成了一种常态，过去不在微信生态做运营的企业，不管是在抖音还是快手，现在也都会将用户导入微信生态体系，并进行精细化运营，逐渐形成自己的品牌社群私域。

"视频号+"助力社群私域增长

2020 年 1 月 19 号，视频号开始小范围内测，并逐步打通了公众号、小程序、企业微信、微信群、朋友圈、微信小商店、直播等商业连接，加速了微信私域电商的进程。"视频号+"已经成为微信生态商业能力的核心连接器。在微信 12 亿用户的公域流量池中，视频号打通了公众号、朋友圈、微信群等流量场景；在具体的流量经营上，视频号成了微信生态的公域流量池，朋友圈成了半公域半私域的流量池，而社群成了更加私域的场所。

"视频号+"的出现，也将改变我们在微信生态以外的公域流量平台的连接方式。以前我们会在抖音、快手、知乎等平台留下我们的个人号、公众号，现在可能要变了，不论是线上的内容场景，还是线下的活动场景，用户和我们的连接方式变成了视频号，视频号正在成为一张"可视化"的超级名片，更有利于建立深层次的信任关系和个人 IP 的打造。

在微信生态中，"视频号+社群"已经成为私域流量增长的永动机，两者高效配合可大大提高私域流量的增长效率。从过去的

"海报式"裂变迈入"社群化"的 IP 裂变、信任裂变,如图 3-3 所示,一个视频号在"零启动"阶段,需要充分借助朋友圈、社群的力量完成原始用户的积累,同时提升账号的完播率、关注率、点赞、收藏等,再利用视频号的社交推荐,让我们的视频号作品能够被更多好友看到,进而激发视频号的"算法推荐",获得更大的公域曝光机会。

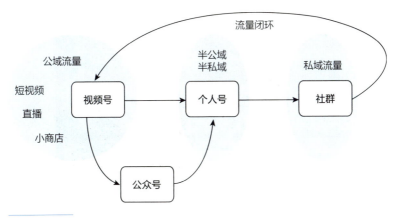

图 3-3 视频号私域流量闭环

当视频号的粉丝量和活跃度有了一定的基础后,就可以筹备用视频号为社群私域引流了,我们根据最近 5 个月的摸索,发现了以下几种不同的引流方法:

方法一:矩阵式互推

"视频号+"矩阵式玩法最近比较火。第一种是视频号互推,目前视频号互推是以"视频号博主介绍+@被推荐人+连接入群"的模式来操作的,比如视频号教育博主@胡萍校长,会采用 1 分钟短视频的方式推荐一些社群内的视频号博主,同时引导大家关注和点击视频号下方的链接进入社群。第二种是以视频号直播的方式互推,通常是通过短视频预热被推荐嘉宾,预告某一个时间开始直播,然后和被推荐人一起在直播间和用户进行互动,并引导大家进入社群。比如视频号博主@肖逸群 Alex 会请到三节课的黄有璨、十点读书的林少等大咖进入直播间互动,通过这样的借势和造势大大提高直播间的人数,同时也借助大咖的 IP 效应,吸引更多用户通过点击链接、私信等方式进入社群。

图 3-4 视频号互推(左)和视频号直播互推(右)

方法二:话题互推

2020 年 11 月 19 日,视频号官方推出了"程序员式"的"王炸"功能"话题标签",之前的话题功能类似信息搜索,而现在只需要点击"#话题内容"就可以跳到所在话题的内容聚合页,比如点击"#视频号就是冲锋号",就可以跳到"视频号就是冲锋号"的内容聚合页。内容聚合页会优先展示"视频号动态",同时还会展示"朋友圈动态""公众号文章""看一看"等(如图 3-5 所示)。

图 3-5 朋友圈话题互推

当使用"#视频号:你的视频号名称""#公众号:你的公众号名称""#小程序:你的小程序名称"时,可以直接精准地打开你的视频号、小商店和公众号(如图 3-6 所示)。

图 3-6 微信群话题功能

这给我们带来了很大的想象力,从私域引流到视频号,比如在微信群、朋友圈就可以直接引流;在公域流量池靠视频号的点赞、评论、分享、收藏、话题、@视频号好友等功能,进一步激发视频号的"算法推荐+社交推荐",从而获取更多的公域流量到你的个人号、社群等,这样就完全打通了微信生态的流量闭环。这种"全域流量"的打法是微信生态独有的,所以说微信生态是建立私域电商最好的载体。"#话题"成为"时间任意门",能够将我们的 IP、内容、产品、信息等统统推送到用户面前。

视频号作为"视频化的朋友圈",需要大量发布视频号作品来建立社交关系链,为了提升视频号内容的关联性,我们可以借助"视频号话题"功能,让每一个用户在发布视频号作品时,带上相关话题,并在视频下方的"扩展链接"中设置"社群"入口,引导用户扫码或添加微信个人号,经过筛选后加入社群。这个方法是围绕"视频号+话题+公众号入口"的模式设计的,比如我们在青岛的联盟社群青玫范儿,最近做了一个"有才华社群",群友们发起了一轮"方言有才华"的话题接力,通过这样的方式为自己的社群引流;再比如我们的青木会社群在今年也发起了一个"社群行业内容联盟",线上联合"500+"的社群运营人一起打造一个"话题IP"(#社群行业内容联盟),通过话题互推,大大提升了话题的集中关注度,再配合"公众号入口"功能实现为社群引流。

方法三:朋友圈话题引流

微信在 7.0.17 版本之后更新了话题功能,用户只要使用"#"的格式就可以自动生成话题了,这就将朋友圈这个私域的场所变成了半公开的流量场景。朋友圈相当于一个小微博话题广场,我们结合"朋友圈话题+视频号内容+公众号入口(或视频号私信)"的组合就可以形成一套半公域的社群引流玩法。让原有的社群用户在发布视频号内容后,在朋友圈集体传播时都使用同一个话题,这样就可以让所有参与人的朋友圈用户看到,并引导到同一个视频号下方的公众号入口,通过审核后进入社群。

"视频号+社群"的方法还有很多,比如"社群矩阵+视频号""活动矩阵+视频号矩阵""内容矩阵+社群矩阵等方式",都有机会实现流量封闭式的循环,既能提升账号的关注度,又可以为社群高效引流。视频号的出现,大大提高了社群引流的效率,也重构了社群裂变的打法,需要我们不断实践"视频号+朋友圈+社群联盟+线下活动"的组合拳,探索新的社群流量增长机制。

图3-7 朋友圈话题(左)和话题相关内容(右)

如何借助视频号打造群主IP

近几年社群运营的难度越来越大,很多社群建立后存活不超过3天。即便建了很多群,也还没有形成真正的社群,后面的运营体系搭建、社群顶层设计、社群文化打造、社群活动运营、社群变现、社群商业模式等好多工作都需要群主推进落地。我们不能认为社群运营就是建个群开始往里面发广告、做活动、卖货就行了,这样做,反而会让你的社群越来越难维持下去。那么,做好社群的关键是什么?我认为有4个核心:群主有IP属性、用户信任你、社群有筛选门槛、社群能变现。其中,群主的IP打造是社群运营的重中之重,没有群主IP,社群的活跃度、拉新、转化都是大难题。

什么是社群类IP

"IP"这个词近几年特别火,朋友圈里也充斥着大量个人IP打造的课程,这也不难理解,毕竟未来的商业趋势就是"IP经济"+

"社群经济"的双引擎组合。2020年的"双11",我们会发现直播电商的销售数据占比70%以上,传统电商已经逐渐走下坡路,电商也开始转向社交化、IP化、社群化。随着人人都是自媒体时代的到来,人人都有机会通过个人IP的塑造实现个人价值的提升,增强商业变现能力。

可能有人要问了,我可以成为下一个李佳琦、薇娅、李雪琴吗?答案是不太可能。每个IP的个性、颜值、资源、阅历、学习能力、成长背景等都不同,IP打造很难做到标准化。IP的打造除了自身的定位很关键以外,另一个决定性因素是平台的选择,我们对IP也做了划分,比如抖音、快手这类的称为平台型IP;比如雷军、董明珠、樊登这样的称为人物IP;比如迪士尼、欢乐谷、故宫这样的称为场景IP;比如樊登读书会、混沌大学这样的称为社群IP。

作为普通人,打造IP只有2条路径,要么足够聚焦,成为垂直细分领域里的IP,要么借助社群打造圈层化的IP。抖音、快手、B站这些平台的红利期已经过去了,打造IP的机会已经不那么大了,现在正好可以借助视频号获得一波红利,结合社群的运营打造出自己的圈层化IP。视频号是微信社群商业最好的纽带,它的出现将会彻底改变社群运营,群主的IP也会和以往的呈现方式有大不同,打造IP的效率也会大大提升。

"视频号+"如何打造群主IP

一个优秀的社群在正式开始运营前,第一步并不是变现,而应该是塑造群主IP,获得特定用户的信任,只有你的群友信任你,你的IP才具备社交货币价值,才能够实现社群商业变现。提升群主IP影响力有3个关键:原创内容、铁杆粉丝、充足的曝光。社群要做的是用户信任力的经营,以及借助社群运营穿透行业圈层,影响更多认同你的人。

当我们明确了社群运营的第一个任务是群主 IP 的打造,那么我们就需要学习一些能复制的打法。我们先来参考一下在"可视化"运营还没有到来时,大咖们是如何提高自己的 IP 影响力的。

方法一:千群直播

如果我们的内容很有料,而且在行业里的资源很好,就可以在社群搭建完成后,重点筹备"千群"直播首秀,在最短的时间内,改变用户对你的认知。只要你在用户心中的形象是高维的,后续的社群运营和变现就会变得容易许多。"千群直播"本质上属于社群联盟的打法,借助一些资源或群主的关系快速建立一个联盟体系,并发起一个活动开始进行千群的内容传播,连接一大批认同你的人。

在我做社群运营四周年的时候,我就实践了"千群直播"的玩法。当时我的新书出来有一周年了,于是我就发起了一个"社群四周年"线上发布会的活动,在 4 天时间里组织了 300 多的群主参与了此次行动,让更多的人快速认识了"青木"这个 IP,并且吸引了很多用户的关注、还卖了很多书。这个打法不只我在用,在社群行业内最早使用的是罗振宇。当时罗振宇刚刚发起"时间的朋友"这个活动,每当"时间的朋友"大会要开始的时候,他就会让他的粉丝建立大量的微信群做线上"活动专场",让那些去不了现场的人也可以身临其境地参与。

同样用这个方法破圈的,还有我们曾经参与服务的社群"裂变创业联盟"的发起人宗毅。当时正好他的新书《裂变式创业》刚刚出版,他和国内知名教育机构"学道家塾",用"千群直播"的方式做了一次线上的新书发布会,发布会的参与人数达到 30 多万,这次"千群直播"可以说是一次共赢,既帮助宗毅出圈、卖书,也帮助教育机构积累了大量粉丝。这个时期的"千群直播"的运营场景主要是微信群,内容形式主要是"语音+文字+图片",借助虚拟机器人进行多群转播。

方法二：大咖助力

当一个群主力量比较薄弱的时候，想要提高曝光率，是需要借助外力造势的，找大咖来背书就是不错的选择。比如著名的长达 9 小时的"双罗长谈"、著名的场景研究大咖、场景实验室创始人吴声首发"新物种爆炸"就属于这样的打法，IP 之间进行商业互捧，大 IP 能帮助中 IP、小 IP 扩大声量和吸引粉丝，两个平级的 IP 能叠加影响力出圈，并能获得更好的传播效果。

图 3-8 双罗长谈和吴声的"新物种爆炸"

方法三：城市联动

要打造群主 IP，线下活动也是非常重要的一个环节。不过相对线上，线下运作起来难度会大一点，尤其是资源协调、步调一致、媒体造势等。我们服务过的"裂变创业联盟"就曾经发起过 30 城联动的活动，我们从群主宗毅的身上挖掘出 IP 卖点，整理出"打通南北充电桩之路""互联网大篷车""新书发布会"等关键词，并结合群主原有的资源，比如联动罗振宇的罗友会、李善友的混沌大学、吴晓波的书友会，借助他们的社群去炒作话题，瞬间就在各个圈子里传开了。花了大概 6 天时间，我们就在线上组织起了"裂变创业联盟"的 30 个城市负责人，借助他们在本地的媒体资源，把这个城市的联动活动在同一时间完成，瞬间刷爆了整个互联网社群圈，让群主宗毅的 IP 影响力提升了一个很大的台阶。

图 3-9　裂变创业联盟广州站

视频号的出现，意味着群主 IP 打造的方式又多了一种可能，相比于之前的图文、音频形式，现在的短视频、直播会更真实，加上微信生态天然的熟人社交基因，所以视频号成为打造群主 IP 的不二选择。真实、真情、有料、陪伴才是社群化 IP 打造的内核，通过视频化的方式展示群主，能牢牢地抓住用户的注意力，并且陪伴用户一同成长，提高用户的信任度。

视频号是如何打造群主 IP 的？我们一同来了解。

方法一：视频号直播＋社群矩阵

借助视频号直播的方式来打造群主 IP，是要有一定基础的，这个基础就是过去你要有一定的内容沉淀和用户沉淀。在视频号这一波红利中，能充分享受红利的一定是之前就有大量私域流量的人，比如自媒体人@夜听刘筱第一次直播就有 2 万多人同时在线，知名作家李筱懿直播也有将近 1 万人次。马上入场的实体企业、电商从业者、微商团队会越来越多。这个时代，用户就是资产，只要有用户，什么都好办，借助视频号来打造自己的 IP 也是比较容易的。

如果你只是一个普通人，想借助社群打造自己的 IP 怎么办？首先要解决几个基本问题：①自己朋友圈好友有没有超过 2000 人？

②你有没有一个定位清晰的内容而且可以持续输出？③你会不会建立社群？如果上述三个问题你都能解决，那么恭喜你，你可以开始筹划用视频号来提升自己的 IP 影响力了。

十点读书社群的创始人林少在做直播的时候，就结合了社群矩阵的玩法。在视频号开播前，会通过海报、文章的形式在朋友圈、公众号、社群做投放、宣传、预热，让大家提前预约直播，并且会在海报上引导人们加入"十点视频号创业群"，建立私域流量池。在正式开播后，会通过抽奖活动或者利用自身的 IP 影响力，让很多的社群主把直播链接自动分享到自己群里，形成了社群矩阵式的玩法，再结合社群群公告提醒，大大提高了进入直播间的用户人数。

图 3-10　林少和李筱懿的直播

方法二：视频号直播+大咖助力+社群矩阵

大咖驻场也是提升直播间人气的方式，社群矩阵结合大咖的影响力能吸引大咖的粉丝慕名而来。作为群主的你，如果有这样的大咖资源，是时候要用起来了。这种方式既能增加你和大咖的连接频次，又可以互相成就，同时还是一种打造 IP 的极好方式。我最近也开始筹备用这种"直播访谈"的形式来做视频号，这样就解决了短视频内容输出和直播间没人气的问题。在运营上一定要有意识地建立私域流量闭环，既通过视频号引流，也通过社群做裂变，形成一个直播粉丝越聚越多的氛围。

目前这个方法已经有很多人开始尝试了，比如十点读书的林少会邀请李筱懿做客；@肖逸群 Alex 会邀请林少、黄有璨等大咖驻场宠粉。每一次直播，都是在借助大咖的影响力为自己的直播间吸粉，同时也是给自己"刷脸"，塑造个人 IP。这种方式坚持做下去的好处就是让你的社群用户知道你身边大咖多，然后就默认你也是大咖，为后续转化提供了强有力的背书。

方法三：视频号短视频+视频号直播+线下大会

2020 年 11 月 10 日晚，京东视频号直播首秀累计有 20 多万用户在线观看，如果现场有 1 万人也开启了视频号直播或 1 分钟短视频+话题，传播率会更惊人。

在社群运营中，线下活动是必不可少的环节。今天的线下活动场景已经突破了地理空间的限制，借助手机直播、短视频等方式，能将现场的内容传递到其他城市，让你圈子里的人都能了解到这次活动。视频号的出现大大提升了用

图 3-11 京东双 11 直播

户的内容生产能力，一次 200 人的活动，现场 200 部手机同时直播、拍短视频，结合视频号话题功能、朋友圈话题功能、社群、公众号等途径传播，群主的 IP 影响力会得到很大的提升，现在很多明星网红之所以火爆，也是这个原因。把自己当作一个"内容源"，社群粉丝成为"移动记者"，随时随地拍你、直播你，这样既能够帮助他涨粉、生产制作内容，也能帮你提升影响力。

这个方法是社群重点关注的。目前在社群领域中的"新商业女性社群"做得就很不错，每次组织活动，现场每个人都会拿着手机拍，再结合视频号直播、短视频同步更新，让其他城市的社群用户也能感受到"新商业女性社群"的魅力，同时也提升每一位参与直播的群主的曝光率。

"视频号 + 社群"的运营方式，能大大缩短群主的 IP 打造时间，也能让用户更加真实地了解群主，为社群后续的运营提供了有力的支持。作为社群主，不妨按照我们讲的三种方式试一试，我相信一定会有出乎意料的收获。

如何借助视频号激活微信社群

相信很多社群新手在刚刚建立社群的时候，都会遇到这样的问题：不知道社群顶层设计怎么做，群建好了不知道怎么和用户沟通、投放什么内容，害怕透支人脉等。或者是经营了很久的群普遍半死不活，又不想放弃，想通过一些运营方法激活它。你是否遇到过这些情况呢？有没有一些标准化的方法激活我们的社群呢？答案是标准的模式有，但每个群的运营以及活跃程度完全取决于运营者的性格和用心，同一个方法在不同人的手上会呈现出不同的效果。我在这里提供一些运营经验供大家参考。

激活社群的五种玩法

在视频号还没有出来之前，我们社群的运营压力其实很大，毕竟用户的注意力都被抖音、电商、实体店、生活琐事、工作等分散得很厉害，要想让用户把注意力放在你的社群里，就得使用一些方法了，比如持续输出价值、有重磅大咖驻场、付费入群、群内有相互认识的好友等都是决定社群后续能否活跃的关键。过去我们经常会用一些方法来带动社群的活跃度，以下五种玩法总有一种适合你：

方法一：轮值当群主

社群的线上运营，要保证活跃度，有三个关键：一是有持续输出价值的内容；二是有信任你的用户；三是社群的人群经过了精准筛选。这三个基本条件符合后，我们再来根据自己的情况，看看使用哪一种运营策略才能带动更多人参与。很显然轮值当群主是一个不错的选择，那些没有持续内容输出能力的群主，做好一件事就可以了，那就是用户关系的连接。把用户当作社群里的 IP 来打造，群主以及团队在幕后服务他，这样既带动了群友的积极性，也增加了大量的 UGC（用户生成内容），还能帮助轮值的群主对接资源，一举多得。

但这种玩法也有弊端，比如不是每个群友都具备内容输出的能力，大部分的人只会讲产品，很容易变成一次广告宣传，这对于群的运营极其不利，作为群主必须防范这类事件的发生。当值群主输出内容前，我们需要提前 3 天和他沟通，并做好内容的审核、话术框架的标准化。这样就确保了那些有内容的人能讲出特别打动人心的故事，也增加了社群的温度感，不至于因为不同轮值群主的输出，导致社群变成了广告群。另外一点要特别注意的是，尽管这个方法适合做社群促活,但我们必须把好关以及提前沟通,通过"接龙+一对一私信沟通"的方式分批确定参与轮值群主的人选,把优质的群友筛选出来,而没有输出能力的人,尽量不要给予其做轮值群主的机会。

方法二:签到打卡

一些消费类、教育类的企业社群,通常会用到这种玩法。直接面对消费者的社群,基本上是以成交为目的的,但是我们又不能拉群直接做转化,需要有一个培养用户习惯的过程。这个时候签到打卡就成了消费类社群必然的选择。具体的玩法是这样的:用户进群后,群助手会引导用户签到打卡,并告知签到得到多少积分可以兑换什么产品福利;驱动用户邀约3个新人,邀约后获得第一个礼包;如果想加入进阶群,那就需要连续打卡7天积累一定的积分之后,才给予更高的福利和加入进阶群的机会。

这种玩法纯微信群是玩不转的,一般会结合第三方打卡工具,如微打卡、小打卡等小程序来协助群主,通过技术手段引导用户打卡、分享海报等。这么做的好处是:能坚持7天的用户,证明他对于我们设置的奖励或进阶群是非常感兴趣的,也逐步培养了用户的习惯,为后续产品变现建立了用户信任关系。

方法三:群接龙+红包

微信群中有一个"群接龙"的功能,我相信很多人都看到过。但是如何使用"群接龙"增加社群的活跃度呢?这里就要设计使用场景,第一种是销售场景,比如我们常见的社区团购、课程拼团、产品发售等都会用到接龙功能;第二种是学习场景,尤其是结合训练营的学习场景,我们会在交作业环节使用接龙刺激那些懒惰的学习者积极提交作业,在答疑环节引导大家接龙提出问题和导师互动,这样也增加了社群的互动性和价值感。

群接龙虽然能带动群的活跃度,但也容易让部分用户养成惰性,习惯性潜水,为了判断有多少人在关注这个群,我们有时候也会用发红包的方式来测试,用抢红包的速度、人数来判断这个群的关注度,发红包是社群运营一个非常重要的检测手段。

方法四:晨读打卡

近几年,学习型的社群是最火的,尤其是各种读书会、早读营等。晨读不在于读了什么,而在于养成一种早起的习惯,和一群优秀的人在一起,勉励自己不能偷懒,刻意练习让自己变得更优秀。

了解了"晨读打卡"的核心使命之后,你就应该知道这种玩法对于社群主的核心价值了。最重要的两个价值就是筛选优质的用户以及寻找潜在消费者。为了让晨读打卡做得更有仪式感,一般都会分组进行,每个组都会安排一个组长带头在群里领读,其他人可以跟随学习和参与互动,这样就把整个社群的氛围带起来了。

方法五:训练营

训练营是一种促活手段,也是社群常见的一种变现模式,比如你一定参与或听说过类似"7 天英语学习营""14 天社群实战营"等。训练营更像是一个学习场景,比如一起减肥、一起实操社群裂变、一起学英语等,它会在短时间内形成一个聚合的场景,能激发用户的积极性。通常这类训练营都采取付费入群的方式,所以不用担心人群不精准的问题,关键是要做好训练营的流程设计、积分体系、奖励机制、小组分工、仪式感的营造,等等。

图3-12 训练营玩法

上述五种方法是比较常见的,这些方法在未来的社群运营中依然会发挥很大的价值。而视频号的出现,能更加真实地代入场景感,更加深度地连接真实用户,更有利于社群用户信任力的打造。

"视频号+社群运营"的五种玩法

在视频号出现的这段时间里,我们已经尝试开启了"12天视频号社群裂变营""视频号就是冲锋号"等社群,在实践过程中也有一些心得,在这里一并分享出来。

方法一:视频号+早读+训练营

微信社群的封闭性,导致我们无法做到让运维、引流和转化三者形成合力,这也是为什么我们很多群主在使用"早读训练营"模式的时候通过海报的方式引导用户转发,目的就是想借助用户的朋友圈做社交引流,而早读本身也是一件封闭的事情,很多用户不太喜欢被要求分享到朋友圈,只愿意在群里打卡。

视频号的出现解决了上述几个问题，我们不需要刻意让用户去转发海报了，直接把早读分享的方式切换成拍视频，这样做有什么好处呢？用户拍完视频号短视频后，按照打卡要求使用"#话题"、点赞、收藏、评论等视频号功能，就已经实现了传播的效果。用户拍完视频后再转发到群里，群里的用户就成了他的潜在用户，同时也帮助群主做了传播，这是多赢的局面。这个方法为社群引流增长、社群促活提供了新的思路。

方法二：视频号+资源推荐

用户进入一个社群，他的需求可能比较多，主要有学习、交友、获取资源、卖货等，而获取资源是很多社群新人最想要的。以前我们只能在几个环节嵌入资源对接，比如新人入群会安排做自我介绍，提供一个标准化的介绍模板，方便其他人快速了解他并产生链接；另一种情况是，我们会安排新人在固定时间来分享自己的故事，让其他群友能更加具体地了解分享者。但这些信息如果不做二次内容加工，很有可能被后续信息流淹没。这些内容其实价值巨大，属于这个社群曾经发生过的故事，必须通过二次加工将内容整理好发布到公众号或者其他内容平台，甚至有的社群做得更细致，会将这些内容整理成一个"群友资源录"，更加真实地让新人感受到社群的价值。

现在视频号如何解决资源对接的问题？

我们自己在"12天视频号社群裂变营"就使用过视频号社群推荐的方法，让参与者拍一段视频为社群代言，并带上同一个话题"#社群行业内容联盟"，这样做既能建立社群的长尾流量，同时也为社群记录下精彩的瞬间。我们也看到一些视频号博主做视频号大咖推荐、视频号直播推荐等都是结合社群来做的。这些方式都可以增加用户参与度和提升社群主的IP影响力。

方法三：视频号 + 微课分享

你现在在微信群里做分享，是否还在用"图文 + 语音"，或者用小鹅通、千聊？如果你现在还在用这些方式，那就要抓紧时间改变一下了，之前的那些方式不是不能再用了，是信息的触达率非常低了。视频号出来以后，我们在做社群运营的时候，已经逐渐摆脱了"微信群 + 私聊"的单一方式。我们在做"12 天视频号社群裂变营"的时候，视频号成了很好的内容输出阵地，我们会提前录制好一分钟的短视频讲述要分享的内容大纲，让学员提前知道能学到什么，然后使用视频号直播的方式和学员分享，这个流程走过几遍以后，发现体验非常好。视频号直播可以最小化，学员可以一边在群里互动一边听直播，整体的互动性比过去好很多倍。后续视频号还会推出连麦功能，用户互动会更有效率。即使是不同行业的用户，我们也可以把公开课形式的内容输出用视频号结合微信群的方式来做。

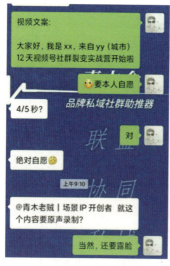
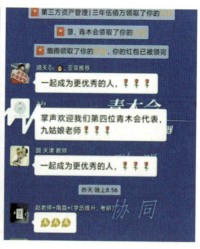

图 3-13　12 天视频号社群裂变营

方法四：视频号 + 话题接龙

社群的运营一定要围绕高效率的信息触达来做，我们觉得一个信息发出去用户就会看到，可实际情况是用户可能延后两三天才知道，有很多用户不会看群里的信息，信息就永远错过了。为了提高用户的活跃度，我们会采用群接龙的方式来造势，让那些潜水围观的用户也主动站出来，这有利于社群的氛围营造。

视频号怎么接龙？就是群主发起一个话题，引发群友围绕这个话题讨论，然后接龙，比如针对"#视频号就是冲锋号"这个话题，大家可以用视频号作品来发表自己的看法，并在视频号作品的"描述"里添加这个话题。很多人一起使用"同一个话题"输出内容，在视频号的生态里声浪就会比较大，传播就能做得更好。类似的玩法还有"视频号 + 荐书""视频号 + 隔空对话""视频号 + 在线答疑"等，都是新的社群促活手段，我们不妨多去实践，总有一种可以帮助你做好社群促活。视频号给社群的内容运营、关系运营、线上活动运营提供了无限可能，能够深帮助我们连接一群人一起来做一件事，逐步形成聚变效应，让更多认同群主的人融入我们的社群里。

方法五：视频号直播 + 私域社群 + 红包抽奖

视频号直播最大的好处是用户可以看到群主真人，真人出镜更有利于产生信任。通过视频号直播，还能获得"关注"流量、"朋友在看"流量、"附近"流量等公域流量，通过直播间直播的方式 + 评论区 + 投放二维码等形式，可以引导新用户添加个人微信号和加入群，形成一个流量互通的商业闭环。

在社群端，为了进一步扩大流量半径和促活，我们会邀请多个赞助商作为社群联办方，同时设计一个引流策略，引导用户全员转发直播间到他的社群或朋友圈。在群里还可以做红包抽奖，凡是"关注+回复666"，并且在群里抢红包手气最佳的，就能获得我们的产品福利，这样一来又可以获得新一轮的社交流量，同时也让社群互动变得非常活跃。视频号直播的重点是和用户多互动，内容大于互动，除了这些运营方法，还可以在群里收集问题，然后群主在直播间专门解答这些话题，进一步增加社群的活跃度。

如何借助视频号倍增社群势能

经营社群，80%的人都做错了，大部分群主的时间和精力都放在微信群的日常运营上，真正的社群高手是做"势"，用美好的生活、无懈可击的案例、群主的个人品牌故事、大咖的加持等影响你，即便要赚你的钱，也是先收你的心，击穿你的认知，让你"被从众"，卷入社群里，并逐渐融入社群生活。

一个社群要有两个品牌：个人品牌、社群品牌。社群势能其实就是在打造这两个品牌，关键看你在传播的时候主推哪一个，以及以何种方式传播。对于企业而言，可能有一个疑问：公司有企业品牌、产品品牌，还需要社群品牌、个人品牌吗？答案是需要的。今天的企业，创始人IP化的案例很多很多，比如小米的雷军、芬尼克兹的宗毅、格力的董明珠、得到的罗振宇等，正是因为企业创始人IP化很成功，才给公司的业务带来了很大的流量，让企业的知名度也变得更高。如果说企业是创始人自己的公司，那么社群就是在用户端建立一个以"用户为中心"的"社群公司"品牌。

什么是社群势能

在营销学中,势能就是通过密集式的宣传推广,让我们的品牌成为话题热点,被广泛传播;社群势能也是类似的意思,但它更加突出的是圈层化的传播辐射和影响力,在用户心中"种草"并建立某一个品类的 IP 形象。比如青木的定位是"社群场景",对外输出的内容是社群场景思维,举办的活动是"社群场景新势能大会"等。不断地通过社群运作强化这个 IP 属性,一旦用户想到社群场景就会想到我。

图 3-14 私域流量行业大会

2020 年 10 月 15 日,见实和零一裂变筹办了 3 场专场"私域流量行业大会",从线上嘉宾预热分享引导到线下大会,筹备了将近 3 个月时间。通过不同的嘉宾分享和企业走访,不断强化"私域流量",并通过社群裂变建立了 1000 多个群,形成了广泛的传播。通过这种密集式的传播对这次线下大会做了很充分的曝光，活动当天就来了大概 800 多人。可以说这次实践很好地借助了社群势能的力量，强化了"私域流量"标签，并在这条细分赛道占据了一定的市场主导地位。

社群势能的价值

社群主在经营社群的时候，最关注的是社群裂变和社群变现，很少有人会关注社群的私域运营打法，比如文化层面、组织层面、影响力层面、IP 层面等。为什么会出现这种情况呢？因为对于大部分群主而言，去做社群势能、文化、IP 是需要时间的，短期内看不到增长和利益，所以他们宁可选择最简单粗暴的方式来做，也不会花时间去精细化运营。

2020 年私域流量火热也是有原因的，因为人们发现微信官方开始打压"海报式裂变"和第三方裂变工具，过去的打法失效了。我们不得不开始转向精细化运营，花更多的时间陪伴用户，建立用户信任关系进而为后续变现做准备。这个时候，场景化的运营打法就成了关键，比如我们提到过的"训练营"玩法本质上也算一种短期的场景式体验社群。

既然要做精细化私域经营，就要换一种方式来抓流量和做转化，这个时候就需要考虑群主 IP 的打造和社群品牌势能的打造了。因为社群势能代表着"更低成本"的流量占有，也代表着在用户中流通的社交货币，能在一个阶段的造势后完成闭环。除了流量价值以外，还能让我们的社群获得巨大的曝光和市场影响力，并且会有很多的合作资源主动找我们，比如内容平台、合作场地、同行、工具公司等，这些都是做社群势能的无形价值。

视频号如何玩转社群势能

群主的个人品牌和社群的品牌两者的关系是密不可分的,所以在构建社群势能的时候,往往群主就是社群的最佳代言人,当然,这个社群的铁粉,比如在我们的社群中信任群主的一群小 IP,他们也会成为辅助社群势能的第一股力量;第二股力量来自群主的资源,比如临时组建的社群助力联盟或行业大咖等;第三股力量来自社群裂变,使用一些运营裂变的方法,用社群价值或利益驱动陌生用户进行社交裂变,可进一步壮大社群的势能。

当然,构建社群势能,并非是指拉很多个群,核心关键在于群主的 IP 影响力以及"发起主题"的卖点能不能够让参与者自发性地为你助力,毕竟社群势能打造也是一种信任的传递。如果群主为了打广告或粗暴变现伤害了参与者的人脉,我相信这些人下次一定不会参与助力了。

如何让参与者自愿为你助力呢?一是群主的"种草",这要求平时群主的人缘不错;二是群主过去有积累,在特定的圈子里已经有了影响力;三是活动有卖点、有干货,是用户想要的;四是在活动中有一些超值福利等。有了这四个条件才能让更多的人愿意助力支持你。

每一次社群势能的打造都需要有一个主题卖点,那么如何结合"视频号+社群"的方式来引爆这个"主题卖点"呢?我们这里提供了几种方法:

方法一:社群周年庆

在青木会四周年的时候,我做过一次线上活动,最初的想法是对自己这几年经营社群的青春做个纪念。结果我只是发了一条朋友圈信息,就有好多人想参与助力,于是,我顺势就建立了一个助力群。大约有 1425 位粉丝参与了助力,最终实现的结果是新增好友 500 多人,新增付费会员 130 名。经过这次周年庆活动,我发现之前是我太低调了,很多人只知道我,却不知道我的社群,所以以后每年一旦我有时间,我都会在固定的时间筹备周年庆活动,用来宣传我的社群。

"社群周年庆"是一个很好的主题卖点,既可以通过这次活动持续打造群主的个人 IP,也可以在这个时间宣布大事件,比如新年会员招募、年度大事件总结、新品发布会等;同时也能帮助你激活一些资源,带来一些连接机会。如果你的社群粉丝比较多的话,这正好是增加和粉丝共情的最好时机,让用户进一步爱上你的社群。

2020 年 11 月 7 日,橙为社群创始人邻三月在上海举办了"橙为社群"五周年生日会,现场来了几百位橙为粉丝。在现场不仅可以听干货分享,还可以和熟悉的群友聊天,五年的感情在这一刻深度融合,让大家增添了"橙为社群"的温度感。现场很多群友都在拍视频号记录这一刻,这无疑进一步增加了社群的曝光率。

方法二:新书预售

一个社群要打造专业的 IP,一定要写一本自己所在行业的书籍,为自己做背书,这有利于占领用户的心智高度。当你的社群影响力不足或个人 IP 很弱的时候,就可以选择这个方法来试试。线上发起"新书超前读"的活动,引导用户进入为你的新书造势,当人数到一定规

图 3-15 橙为 5 周年社群活动

模时,还可以在这些人中挑选一些势能比较强的 IP 成为你新书的联合出品人,以此扩大你的社群和书的出圈可能。以前我们只能在群里做影响力,现在有了视频号,可以让参与支持的人按照我们提供的剧本拍摄短视频发布在视频号上,并使用话题"#话题内容"带上社群和新书,分别在朋友圈场景、视频号场景、微信群场景、

公众号场景进行宣发,以此扩大社群和新书的传播广度。

我们的社群大学的老壹老师最近出了一本新书《序列式运营》,相比以往,他这次的宣传结合了"社群+视频号"的玩法。前两周利用社群裂变了100多个新书发售群,并在群里给群友提前预读了部分内容,再用一周时间感召新书联合出品人,然后号召所有的联合出品人以及提前购买新书的小伙伴拍视频号助力宣传,进一步地提高了书的销量,同时也为他的精壹门社群做了一次10万人次的曝光。

方法三:大咖加油

见证一个社群是不是具有社群品牌知名度,最好的识别方法就是有多少大咖愿意出来站台。比如企业家类的社群有中国社群领袖俱乐部;女性类的企业社群有木兰会;创业者类的社群有黑马会等,这些社群每年办年度大会或行业大会时都会有很多的大咖出来站台,不过通常都是以海报的形式宣传,或者拍一段祝贺视频;今天视频号出现了,以后大咖们就可以用视频号的形式来为社群加油。

图3-16 新书预售

我们业内有一个社群叫28推,在新媒体这条赛道占有一定的行业地位。以前这个社群每年在全国都有不同主题的活动,今年我无意间看到视频号里有几个人在祝贺"28推十周年"。你会发现这些人就是我们提到的社群里最铁杆的那一批人,他们在用视频号的方式集

图3-17 28推十周年

体为 28 推社群发表祝贺。

方法四：双 11 主题活动

2020 年双 11 刚刚过去不久，尽管 2020 年没有以往那么热闹，但是我们不得不说双 11 依然是一个很好的"节日 IP"，在这个时间点，企业和用户的注意力都集中在节日上面。作为社群主，怎么能错过这样的机会呢？我们每年都可以借助双 11 发起一个关联活动，引导用户参与进来并借助视频号为我们造势。2020 年的双 11 期间，几个大号都开始了"视频号直播带货"首秀，比如十点读书的林少、夜听刘筱、灵魂有香气的女子等社群主都获得了不错的回报，他们的打法基本上是结合了"干货+福利+产品抢购"的模式来做这次直播首秀的，背后的私域流量池包含社群、公众号、朋友圈以及其他公域渠道宣发。

知名情感博主@夜听刘筱在双 11 期间开启了"视频号直播带货"首秀，整场直播近 4 个小时，超 7 万人次观看，这些数据的背后支撑是他拥有 3000 万公众号粉丝和上千个粉丝群作为私域流量池。当所有的粉丝听到这个消息，又会有很多人帮助他扩散，让他迅速成为"视频号直播一哥"。这个案例中 IP 起到了巨大的作用，进而也扩大了社群"夜听"的影响力。

图 3-18 夜听直播首秀

"视频号+"是社群品牌的助推器，能够扩大群主的 IP 影响力，也能够结合社群的基础玩法，扩大社群的品牌影响力。只要设计好"视频号矩阵"或者"社群矩阵"就能在短期内引爆社群势能。然而这里的先决条件就是创始人的 IP 具有势能价值，否则没有人和你玩，你的社群也就无法构建社群势能了。

如何借助视频号裂变活动运营

社群的经营，线上线下都是不可或缺的，尤其是在经营社群私域这件事儿上。我们所有的运营策略都是围绕与用户建立连接并产生信任进行的，然后吸引很多人参与进来，最终实现社群转化。其中，线下的活动运营是最重要的环节，弥补了线上的陌生感，对于后续社群线上运营的活跃度也有很大的帮助。一场好的活动运营，一定是让用户体验感十足，学到干货、交到朋友、收获惊喜、得到帮助。

活动运营的价值

线下活动运营的价值，远比线上大得多，当然难度也大一些，线下活动更加考验资源的整合能力、应变能力、标准化服务能力、活动策划能力等。活动运营有什么价值呢？这里分别从两个角度和大家分享。

从社群主的角度分析：活动运营是一次技能的历练和资源的沉淀，尤其是在刚开始做社群的时候，是需要机会来历练磨合的。历练默契配合的能力、技能熟悉的能力，积累场地资源、讲师资源等。同时可以借助活动运营和用户建立信任关系，树立良好的社群品牌形象。

从用户的角度分析：用户参与线下活动，能学习干货，同时也能认识各行各业的精英，进一步和社群活动的主办方拉近关系，在这里获取资源，寻找潜在客户。

可以说,活动运营是个超级连接器,是将社群主和用户关系连接在一起的有效手段,通过活动运营打通了社群的运营闭环,也增进了用户对社群的归属感。

如何筹备线下活动

线下活动是社群运营最重要的一个模块,同时也是风险最大的。线下活动做得好,是拉近社群用户与群主之间距离的最好方式。如果线下活动体验不好,会导致社群用户对社群产生失望,进而沉默甚至退群。

我们把活动运营流程拆分为五个阶段:

筹备期

筹备期主要做两件事儿:定基调和落实核心负责人,通常我们会把几位社群核心骨干拉个微信群或者线下交流。对即将落地的活动进行一个可落地的规划,并分配好团队任务和初步的执行方案。

群策期

群策的好处就是能把社群集体的智慧碰撞出来,特别是大家在一起讨论的时候能碰出很多火花。在这个阶段我们要确定几个关键点:出席嘉宾、活动主题、活动时间、活动地点、活动方案、物料方案、团队分工等。每次活动开始的时候,我们要写一份完整清晰的活动策划案以便全面把控活动落地,做到心中有数。有节奏、有计划地开展活动,能够让团队在执行过程中做到有条不紊。

造势期

造势期的主要任务是宣传,对外扩散信息让用户参与这次活动。既然是要宣传,就要准备一些物料,比如活动海报;选择报名平台、传播渠道,如微信、微博、QQ 群等;还要邀请媒体、赞助商来参加活动,负责造势和后续跟踪报道。常用的报名平台有孤鹿、活动行、互动吧，可以通过这些平台发布我们的活动，同时把这些活动内容复制到合作媒体、合作联盟社群的渠道，如公众号、微博上，进行同步扩散。

执行期

当活动宣传得差不多了，报名工作也完成之后，接下来就到了落地阶段。确认活动当天的志愿者、主持人，活动流程梳理、工作进度复核、活动物料整理等，还要确保报名者能如期参加活动，这就需要我们有专门的活动报名小组通过电话、微信、短信等形式通知活动报名者按时参加活动。同时也需要有单独的合作伙伴团队来对接嘉宾、赞助商、媒体伙伴。最后再落实现场的布局、果盘、设备调试等。这些都准备好了就可以有序开展活动了。

总结反馈期

整个活动结束之后，还要处理一些善后工作，最重要的是参与者参加活动的反馈和本次活动的二次传播、工作人员的复盘和奖励。通过用户的反馈，不断优化活动的流程和服务，才能让后续活动做得更好。而二次传播则需要把内容整理成图文、短视频、直播等形式输出，进行活动回顾和现场还原，让没有参加的人对本次活动和社群有所了解，对下一次活动能起到宣传推广的作用。活动复盘也是重要的一个环节，通过各个环节的负责人总结反馈本次活动的经验和遇到的问题，然后统计在一起，把问题集中解决，形成一整套系统的线下活动解决方案。另外这样的复盘对于那些从没举办过活动的团队成员也是非常好的学习机会，通过实践和总结，就能快速掌握举办线下活动的经验。

通过以上的五个步骤开展线下活动，不断地梳理和优化流程，细化明确每个细节，整理出工作指导手册，提高整体协作效率，就能让线下活动举办得更加顺畅。

视频号+活动运营

视频号的出现，让筹备线下活动的效率至少提高了10倍以上。过去是图文式表达，今天可以用"视频化"的方式进行，更容易建立信任。过去筹备活动都是中心化的，现在则可以用"视频号+社群"的方式进行分布式组织，让宣传内容变得更

图3-19 微信互联网江湖大会（深圳）

多元化、宣发渠道可以自裂变、活动沉淀可以永久留下标签，并且给我们的社群带来长尾流量。

2020年11月14日，由竹园大学举办的微信互联网江湖大会在深圳举办，这次活动聚集了大约600多人的视频号创作者到场参会，由此也可以看到视频号的火爆。但是你知道这次活动是如何筹备的吗？他们在线上依托500多个社群开启大范围的视频号互推，并在每一条互推信息下方告知这次大会活动，通过这种操作，就吸引了上千位视频号博主，并在线上邀请了王石、房琪、吴志祥等大咖站台进行视频号直播分享，将用户的注意力完全抓住了，才有了这次600多人参与的线下大会。

这个案例告诉我们，做活动运营，我们在造势期、执行期是可以进行创新的，而且效果惊人！结合视频号，如何利用社群进行快速裂变，招募参会者，以及如何通过视频号做好执行阶段的内容传播，这些都是需要设计的。

1. 造势期如何用好视频号

当我们的活动主题以及具体的活动内容都出来以后，就要开始

进行对外宣传了，传统的方式可能是借助自己的社群、公众号、朋友圈等渠道分发或熟人介绍的方式招募参会者。现在有了视频号，我们就可以做以下几个动作进行引流。

第一个动作：主办方以及活动联合举办方同时发布视频号预热，并且在视频号下方扩展链接处放上报名链接。

第二个动作：邀请行业大咖来做背书，通过在线分享或者拍视频号来助力并放上报名链接。

第三个动作：组建一个活动预热群，号召群里的粉丝按照剧本拍视频号作品助力，并放上报名链接。

第四个动作：要求已经报名的参会者拍一个视频号作品，并赠送福利引导转发。

当我们完成了上述四个动作，我相信我们已经充分利用了社群的社交裂变能力，将活动最大化地传播出去了，我们还可以在公众号报名入口再设置一个客服号，将那些有意向的用户统一邀请到活动群，进一步壮大活动的声势。

2. 执行期如何用好视频号

当活动正在进行时，也要用好视频号进行二次传播。第一，我们要在签到环节，将所有到场的用户都邀请进到一个群，方便信息同步；第二，完成连接之后，群里的很多用户就会互相联系了，我们可以和台上的分享嘉宾提前沟通好，设置一个现场发布视频号并带上活动话题的环节，然后获得什么奖励，这样如果现场有500人，每个人能影响100人的话，曝光率又增加了5万以上；第三，现场要有拍照人员、短视频拍摄剪辑人员，随时跟拍短视频并随时将其同步发到群里，引导用户及时分享到朋友圈、社群；第四，引导用户拿出手机现场开通视频号直播，并告知大家线下活动就是自己最好的内容，可以把自己的视频号直播分享到朋友圈、微信群，同时还可以为自己"涨粉"；第五，在活动休息期间，引导大家和嘉宾合影、加微信，增加活动现场的连接属性，这样也会为用户增加很多活动素材，这些内容用户肯定会主动分享到朋友圈的，这样的话我们本次活动的传播目的也就达到了。

经过以上五个引导，对于正在执行的活动，我们就可以最大化地提升活动的 IP 影响力，也能扩大社群的品牌势能以及参会嘉宾的 IP 势能了。"视频号＋"已经将我们过去的活动流程做了最大化的改革，将内容、传播、变现、IP 完全融合为了一体，这些内容将会被各种"#话题内容"永久保留在朋友圈、视频号、公众号、微信群等场景里，并且会给主办方带来长尾流量。

如何借助视频号拉动社群变现

社群变现的本质是解决流量和信任问题。我们曾经做过的"海报式裂变""社交裂变""IP 引流""场景引流""内容引流"等都是解决流量问题，而大家熟悉的"7 天训练营"这类的活动是为了解决用户的体验和信任问题。视频号的出现正好完美解决了社群的流量问题和信任问题，相比抖音、快手，"视频号＋"是微信生态新的一轮社交红利，"视频号＋私域社群"将会成为新的商业风口，每个普通人都应该抓住。为了方便大家了解，我画了一个流程图，如图 3–20 所示。

视频号的变现入口

视频号的变现逻辑和抖音、快手不太一样，并不太需要积累上百万粉丝之后才考虑变现，而应该在第一天做视频号的时候，就要开始对视频号做好内容定位、账号定位、变现定位，考虑好如何结合私域社群来做商业变现。首先我们来了解"视频号＋"给我们带来的三大变现入口。

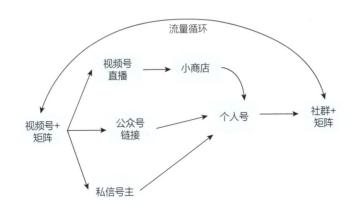

图 3-20 "视频号+社群变现" 流程图

1. 入口一：视频号+公众号入口

有人说视频号推出后，公众号的价值是不是减弱了？事实恰恰相反，视频号诞生之前公众号的自然打开率已不足 2%，视频号出现以后，很多之前断更的作者又开始重新捡起公众号了，这是为什么呢？因为视频号打通了公众号，在公众号文章中可以插入视频号。视频号既是可视化的朋友圈，又是"视频版"的公众号。

图 3-21 视频号的自我介绍入口

视频号有导读功能，过去我们在公众号上积累的大量内容，正好可以用视频号进行二次传播。再加上读者可以看到作者本人，过去大家需要猜测这篇文章背后的作者长什么样，现在终于可以见到真人了，这无疑增强了读者和作者的信任连接。视频号和公众号的打通，不仅提高了连接作者的效率，通过公众号这个入口还可以切换到小程序商城等产品购买的入口，"视频号+公众号链接"这个入口给了我们很大的想象空间。

参考图3-21，你会发现，从视频号到社群这个路径是完全打通的。只要你的视频号作品能打动人心，并结合点赞、关注、收藏、评论等功能激活社交裂变，甚至获得官方推荐，就意味着更多的微信公域流量会向你倾斜，通过"公众号链接"就可以引导加微信个人号，为后续的私域流量池搭建、付费社群建立完成引流工作。

2. 入口二：视频号+私信功能

如果你觉得使用"公众号链接"入口需要提前写好文章，但又不太会写或者不想写，可又想引流怎么办？这个时候可以使用视频号的"私信功能"。用好"视频号+私信"也能直接引导添加微信个人号

图3-22 视频号的私信功能

和社群。如图3-22所示，我们在测试时发现视频号的私信其实是和作者的微信绑定在一起的，私信功能像是一个临时的"客服对话框"，在对方没有回复前可以向他发送3条信息，这也正好防范了广告和恶意骚扰。我们需要做的是对视频号作品进行流程设计，引导用户通过私信和我们连接。

在哪些环节引导私信沟通比较合适呢？首先要设置奖励，驱动用户领取福利，如青木提供的是10个行业的社群案例，有了这个奖励，就可以在以下几个位置进行曝光提醒。

第一个位置：在视频号作品即将结束的时候，引导用户"关注+私信"领取；

第二个位置：在视频号作品最后一帧用文字形式引导用户"关注+私信"领取；

第三个位置：发完视频号作品后，自己在评论区编辑文案引导用户"关注＋私信"领取；

第四个位置：在个人简介处留下微信，并引导"关注＋私信"领取；

第五个位置：在视频号作品描述中引导"关注＋私信"领取。

上述的5个位置都是目前在视频号里直接可以使用的引流手段，但是能引流多少，取决于你的作品质量以及个人影响力。

3. 入口三：视频号＋直播

在微信这个天然的社交场景里，"视频号直播＋社群"是非常好的黄金搭档。通过社群私域的沉淀，既能给视频号直播间引流，也能通过社群运营的手段，引导用户转发直播链接到朋友圈进行二次传播，进一步提升直播间的人气。与此同时，在直播间主播可以通过口头直播的形式，引导新用户在直播间扫码进入社群，建立一个流量循环机制，让社群的私域流量池越来越大。

视频号直播目前支持微信小商店带货，我们可以先上架自己的商品，直播的时候就可以做"产品讲解"，引导用户下单直接成交。如果做视频号是以精准引流为主，可以上架一个专属的产品链接引导用户支付（比如0.01元），购买后添加客服微信进入专属直播社群。当用户进入社群之后，就可以为第二阶段的社群变现做准备了（如图3－23所示）。

如果你的个人IP影响力已经比较强，做视频号直播可以直接变成"带货专场"，如作家李筱懿直播的

图3－23　视频号直播＋小商店

时候直接带货推荐新书,知名情感大号"夜听刘筱"在双 11 期间开始了直播带货家居用品,这些 IP 就不需要做"体验式直播",更多的是真人露脸和粉丝互动直接卖货,然后粉丝会抢着买。现在视频号里已经有很多的自媒体大咖、微商团队长、互联网大咖开始尝试视频号直播带货了,比如小小包麻麻通过视频号直播带货变现 170 万元,这也给了很多视频号从业者莫大的鼓励。

视频号的这 3 大入口为我们后续社群运营提供了流量支持和信任力支持,只要你能够坚持做视频号、视频号直播,转化就会变得很容易。

社群变现产品规划

判断一个视频号能否助力社群变现,关键要了解社群变现有哪些成型的产品,这样才好利用好视频号的功能助力社群实现转化。接下来我们一起来看看在社群商业中都有哪些常规的变现产品。

产品一:训练营

作为一款知识付费型产品,训练营是一种存续时间相对较短的社群类型,通常在旅游行业、教育行业、学习型社群里使用居多,比如我们听说过的"7 天英语打卡营""21 天减肥营""10 天社群裂变营"都是训练营玩法,而像旅游行业的组团旅游,比如泰国 6 天 5 晚则是一种线下版的训练营玩法。

训练营在现在的微信生态里,并不能单纯依靠微信群就能提供优质服务,这就要求我们善于借助一些工具,比如小程序、小打卡、视频号等,建立"微信群 + 个人号 + 小打卡 + 视频号"的组合拳,或者"微信群 + 个人号 + 知识星球 + 视频号"的组合拳。这类组合拳将会帮助群主解决"训练营"的可视化运营问题,让用户能使用工具发布打卡内容,如"文字 + 图片打卡"、视频号打卡等。在社群的变现方面,用户报名加入训练营的时候,就可以通过"小打卡"的"进入圈子"选择付费加入。

图3-24 小打卡

解决了"训练营"运营场景的问题，接下来还要解决一个问题，就是引流。这个时候，我们就可以结合"视频号+公众号链接"入口引导用户直接进入公众号文章界面，识别二维码进入"小打卡"或知识星球，然后再添加客服微信，加入社群，这样就将社群的变现前置，并将服务后置了，节省了大量的人力、物力，基础的运维用小打卡或知识星球来做内容输出就可以了。

产品二：会员制

当互联网流量的获取成本越来越高，私域流量便开始盛行。尤其在2020年，不论是企业还是自媒体人，都开始珍惜用户了，纷纷开始了"社群私域"的建设。因为不能再像过去那样批量引流、批量成交，所以转向做用户的精细化运营。会员制社群是社群运营最常见的产品，比如"小白理财课""樊登读书会"等都采用了会员制，基本上包含"3个月""半年档""1年"等几个产品系列。

目前国内的一些知名社群都采用会员制做法，比如万能的大熊创办的大熊会、李善友教授的混沌大学、彪悍一只猫的读书会社群等都是如此。我自己的青木会在2018年的时候，也开始走会员制路线，通过会员制的方式筛选一批认同自己的粉丝，并且在会员里筛选可以深度合作的项目。

图3-25 樊登读书会的会员制玩法

会员制如何设计呢？会员制少不了核心特权、课程内容、服务产品等，构建完成一个场景解决方案之后，就需要做成宣传海报对外招募。在招募环节，过去我们使用的方式是在群里做社群发售，或者通过行业大咖背书预热宣传。如今有了视频号，我们的引流环节就变得更直接了，比如可以让之前付费的用户做代言推荐，邀请行业大咖代言推荐并发布在自己的视频号上，或者通过他们的视频号，建立视频号矩阵推广也是好办法。

前端视频号，中间个人号，后端会员制社群，再结合视频号直播形成"公域+付费用户"的闭环服务是当下最好的商业模型。会员制帮助群短期内实现变现，也筛选了一批认同自己的人，如果你正在社群创业，这个模式是不错的选择。

产品三：产品销售

对于销售型的企业、微商或社区团长，卖货是他们做社群的刚需，大部分人建社群就是为了在群里销售产品，这本无可厚非，但是他们在经营社群的时候,并不太懂得销售型社群的核心秘诀。

销售型社群要解决两个核心问题,一个是流量,一个是社群发售流程。要想做好这两点,就要求我们在社交裂变、社群引流、其他公域渠道、线下渠道集中发力,保证前端流量的可持续性,比如瑞幸咖啡的流量增长核心来自于线下的门店,以及线上的社群裂变,形成了几十万的私域流量,有了这个基础卖货就不是问题了。我们要想想自己有没有这么大的私域流量池?如果没有足够的私域流量,卖货这件事在社群里是不可持续的。

图3-26 瑞幸咖啡社群玩法

如果你有了私域流量,那么接下来就应该重点考虑社群销售流程、引流规划、话术设计、海报呈现、氛围营造、产品诱饵、付费机制、分销机制等有没有设计好。甚至需要借助社群的种子用户的力量，做大规模的裂变和 1 对 1 的跟单，这些工作在过去是比较烦琐的。今天我们结合视频号，获取流量这部分可以建立视频号矩阵，每个店长、团长、代理可以统一输出视频号内容，统一引流到个人号，每个人各自引流，统一到一个大群里，然后做社群发售成交。这样我们就把流程标准化了，甚至在社群发售环节，我们可以直接将产品的呈现视频化，以直播带货的方式来做，成交放在微信小商店，借助微信小商店的分销功能，就可以建立集中引流、集中成交、账号提现的标准化业务流程。

产品四：招募代理

随着 2020 年视频号的崛起，微信生态新的一轮创业风口又来了。无数的视频号创作者涌入这条赛道，社群创业、社交电商创业、直播电商创业再次成为风口，不论是企业还是个人都开始搭建新的人格化渠道，不管是传统渠道，还是个体化的渠道，都属于 B 端类型的社群运营。这也是当下的趋势，毕竟将用户变成消费者，从消费者变成消费商、合伙人，是企业最终想要的。让用户帮自己卖货、帮自己代言、帮自己转介绍，这是不是你想要的呢？

招募代理已成为现在社群变现的方式之一，很多社交电商平台分给代理的利益比例是比较高的，导致大部分的人执着于拉人头，而忽视了产品变现。比如我们社群大学的导师老房依托"每日一淘"发展了近 60 万人次的佛系推手团，这类代理式的社群帮助代理能招募更多的代理和促进产品销售。

在招募代理时，我们通常会使用海报的方式刷朋友圈、社群，个别的也会在社群里做招商发布会。那么利用视频号如何做社群招商呢？我们的社群圈就有一位朋友用"视频号+社群"的方式招募代理，效果非常好，现场 3 个小时招募了 100 位。他是如何做到的呢？首先所有参与者对发布者都是有一定信任度的，借助视频号直播，发布者可以更加真实、更加详细地介绍招商内容，并结合社群的方式抽奖发福利、发红包，不断吸引用户将注意力投向这里，同时也告诉大家如何赚钱，把赚钱的需求放大，这100位代理就招募成功了。

产品五：活动变现

不知道你有没有使用过类似活动行、互动吧这样的工具，这类工具是专门服务线下活动的。线下活动也可以是社群变现的一个重要机会，比如传统的媒体行业、智能家居行业、婚庆行业等，这些行业基本上每年都会举办行业大会。现在用社群的方式来办大会的也不少，比如服装行业借助社群的方式来筹办活动就会有不一样的效果。类似漫展社群近两年越来越多，而这类社群的粉丝人数随着"国潮"的崛起也越来越多。

目前在社群行业，做活动比较成功的赛道，我最看好的是沙漠徒步类型的，目前国内做这块的大概也有几十家了。这种旅游场景既能加深用户的关系，也能增加用户之间的合作意愿。而对于群主，这是既赚钱又赚人脉的事，一举多得。

我身边有个朋友是母婴行业的从业者，他每年都会举办大型的行业大会。今年他就邀请了很多参会的企业、嘉宾通过视频号密集地宣传，为报名活动预热，同时也建立了多个行业视频号矩阵集体发布，形成行业影响力。

图3-27 视频号+活动运营

视频号如何助力活动变现呢？有几个环节是可以直接导入的，比如通过"视频号+公众号链接"入口建立视频号推广矩阵，所有的链接入口都导向活动报名入口；邀请所有的联办方参与视频号助力，引流到个人号报名。在活动进行中，也可以随时拍、随时直播，加上活动的话题建立长尾流量。视频号缩短了活动的报名路径，也整体提高了活动的势能。

产品六：知识付费

对于新媒体行业、教育行业而言，很多从业者是依靠系统的知识输出进行变现的。比如在头条系，可以做"微头条＋专栏"；在微信生态，可以做"微信群＋个人号＋知识星球"或者"公众号＋知识星球＋社群"；在喜马拉雅，可以做音频付费专栏等，这些都是知识付费的最佳商业模式。

在知识付费这条赛道上，我们经历了喜马拉雅的"123知识节"，经历了知乎、百度的争夺战，也经历了得到的成长、樊登的

图3-28　喜马拉雅的"123知识节"

爆发等，这些知识付费的代表，曾经都借助过社群构建了庞大的私域流量池。2016年知识付费大爆发，让所有的社群从业者开启了付费社群的玩法，结合知识付费的模式和一些知识付费工具，让千千万万的自媒体人有了变现的路径。知识付费发展了这么多年，在2018年市场开始呈现疲态，就在大家觉得知识付费行业行将没落的时候，视频号出现了。视频号正在带来新的知识付费和变现的机遇，结合视频号可以引流，可以做知识付费专栏输出、可以做知识付费日更等。

视频号的出现，彻底改变了以前的社群玩法，社群变现也不再那么难以标准化了。从目前的情况来看，视频号矩阵和社群矩阵是最明显的趋势。尤其是微信生态的天然社交信任属性，决定了"视频号+"的重要连接价值，视频号打通了微信生态的公域和私域，贯穿于微信生态场景和用户社交信任传播之中，无论是前端视频号、后端社群，还是前端视频号直播、后端社群矩阵，"视频号+"都是微信私域电商非常完美的模式。

第 4 章

视频号如何打造个人 IP

科技的发展正在为每一个普普通通的个体赋能。"记录真实生活"的视频号,提供的是可视化的"具象信任",比过去图文时代的"抽象信任"更加直接,这也让个人 IP 的打造更加便捷、更有效率。视频号就是个人或企业的一张超级名片,它是一个快速提升影响力的放大器。

我们正在迎来一个"品牌即人"的 IP 时代。任何一个人在任何一个细分领域里有专长,都可以借助视频号向广大观众输出内容、提供价值,换取个人知名度和影响力。视频号给了我们前所未有的、成为"更好的自己"的可能。

IP 的定义和价值

打造 IP 的公式
IP = 标签化 × 内容力 × 持续积累势能

IP 的定义——自带流量的人格

我对 IP 的定义是自带流量的人格。

这个定义有两个关键词：自带流量和人格。自带流量很好理解，人们会追着 IP 跑；人格也就是说产品的打造要"拟人化"，比如小茗同学、江小白等产品的 IP。

IP 是存在于互联网上的具有人格化色彩的"虚拟生命"，其存在的意义是被用户强烈地需要。比如在视频号里的@一禅小和尚，就是这样的"虚拟生命"。如果一个人/产品被称之为 IP，一定是他/它受到了一部分人的拥护。IP 在面对用户时是"被追捧"的姿态。IP 的成长方式是吸引更多的外部流量进入自己的私域流量池。

IP 本身就是最高级、最稳定、最安全的私域流量池。IP 自带流量，自带的都是主动来找它的"私域流量"。无论是过去的品牌还是今天的 IP，都是虚拟的流量载体，一旦建立起来，不需要依附任何人和平台，就可以独立地存在于人们的脑海中。

品牌和 IP 的区别

品牌和 IP 的区别在于：品牌是基于产品的，IP 是基于用户的；品牌是工业时代的产物，IP 是移动互联网时代的新物种。这就是两者的区别。在移动互联网时代把个人品牌称之为个人 IP 更为恰当。

品牌 = 用户被动连接；IP = 用户主动连接

品牌 = 先产品后内容；IP = 先内容后产品

品牌 = 承载的是产品；IP = 承载的是信息

品牌和 IP，一个是产品本位，一个是内容本位。前者是产品衍生内容，后者是内容孵化产品，这决定了它们是否能产生真正的人格。我们讲的"消费升级"，升级的是和消费者的关系，这个时候品牌就出现了"返祖现象"，即人格化品牌，消费者的消费越来越多地出于对 IP 的认同。

品牌诞生的根本原因是社会生产的产品过剩。在产品稀缺的时代，谁也不会挑挑拣拣。品牌最大的功用是降低消费者的选择成本和搜索成本，品牌的目的就是解决消费者"选谁"的问题。换句话说，品牌是一个信任代理，品牌的本质是识别产品的符号，它可以帮助消费者更快地选中好产品，也让好产品更快地卖出去。

做产品的企业要注意了，无论你做什么产品，产品有多好，接下来都会遇到一个核心问题——怎么卖出去？那些在互联网上掌握大量用户（粉丝/私域流量）的 IP 们，比如主播、大 V、意见领袖等一定有机会"剥削"你。究其本质，商业的重心已经由"经营产品"转移到了"经营用户"，商业的话语权已经由商家转移到用户，之前是谁有产品谁是老大，现在是谁有用户谁是老大，谁就能掌握商业的主动权。因此，未来个人或企业只有一条出路，就是打造自己的影响力，打造 IP。

品牌即人。在移动互联网时代品牌正在 IP 化，品牌的未来就是打造 IP，品牌最好的出路是 IP 化。任何一个业态，都是得年轻人得天下，老品牌、传统品牌要升级，就是要年轻化、IP 化。未来没有 IP 在背后支撑的产品一定不会有大的前途。

在视频号里打造 IP，更多是基于"人"而不是"产品"，产品给人的感觉始终是冷冰冰的，只有人是有温度的，是有情感的，产品打造 IP 的前提一定是先"拟人化"。如今视频号已经有一些大品牌入驻了，比如：@ Burberry、@ 路易威登等，它们的视频号发表的是产品的内容，鲜有人看；江小白就不一样，江小白品牌本身目前尚未入驻视频号，但江小白酒业董事长@ 老陶酒馆入驻了。对于产品品牌来说，以企业创始人的名义入驻视频号是个绝对正确的选择，这就是用人的 IP 来带动产品。

私域业态下的视频号和视频号直播，一定是人带产品，人火了产品自然就火了，这是短视频时代和图文时代打造 IP 最大的不同。这方面携程的联合创始人梁建章、同程旅游的吴志祥做出了表率。

百变大咖梁建章在疫情期间，为了救携程，真的放下了所有架子。如果大家看过梁建章的直播，就会发现他在每一场直播中都以不同的扮相和技能亮相。去到贵州西江千户苗寨直播带货时，梁建章穿上苗族服装，扮成了"苗王"。去到电影《卧虎藏龙》的拍摄地浙江湖州时，梁建章入乡随俗，穿上了一身江南古装，化妆成李慕白。去到郑州直播时，梁建章为了推介郑州、开封、洛阳三地的旅游特色产品，剃了光头，现场还原历史人物，并以曹操的身份上演了一场功夫"砍价"，把 1999 元的旅游套餐直接砍到 999 元。去到江西庐山直播时，梁建章更是"放飞自我"，不仅摇身一变换上了一身苏东坡打扮的古装，还在现场跳起了海草舞，演绎了一段说唱版的苏东坡的《题西林壁》。

在视频号里，梁建章延续了疫情期间直播的风格，介绍山东时扮成"管仲",打起了快板,表演起《说山东好地方》;介绍西双版纳时,穿上了"大象服",见图4-1;介绍江浙时,扮成贾宝玉,唱起了越剧……

而同程集团创始人吴志祥,不仅每天分享创业和管理中的经验,还和用户打成一片,建立了视频号粉丝群,开粉丝线下见面会,还组织了首届苏州视频号峰会。

图4-1 携程的联合创始人梁建章的视频号

IP的价值

中国第一代网红——罗永浩(老罗),一红就是17年,2003年"老罗语录"就风靡大江南北,成为一个奇特的文化现象。无论是在新东方讲课、创办牛博网、办老罗英语培训学校,还是做手机,还是入驻抖音成为"直播带货一哥",老罗都不缺关注度,就是因为他是自带流量的IP。

同道大叔的创始人,1988年出生的蔡跃栋,用三年半的时间打造出星座领域第一IP。2016年12月8日,美盛文化发布公告,以2.175亿元收购同道文化72.5%的股权,同道文化估值正好3亿元,同道大叔本人从这笔收入中获利1.78亿元。

在知识付费领域,吴晓波、罗振宇、樊登等人都是超级IP,尤其是樊登和他的樊登读书会,两年时间轻松实现身价过亿,樊登读书会的市值也超过了200亿元。

原中央电视台主持人王凯,2014年开始自主创业,深耕自媒体音频行业,打造"凯叔讲故事"系列产品,主要在微信公众号和App上发布音频儿童故事。如今,"凯叔讲故事"已经从会讲故事的自媒体成长为一个"儿童品牌"。它不仅是许多孩子熟悉的"哄睡神器",还包括丰富多样的亲子课程、母婴商品。2020年3月7日,"凯叔讲故事"正式对外宣布完成B+轮1.56亿元融资。

随着直播电商的兴起,薇娅、李佳琦、辛巴等人也是身价飞涨,仅2020年双11期间,薇娅、李佳琦直播间累计观看人数高达3亿,直播总销售额累计相加近78亿元。

这就是拥有IP的价值所在。

他们今天已经是超级IP,已经成为行业的代名词。但他们的成长之路也都是从小IP、中IP、大IP一点一点走过来的。今天这个时代,科技的发展正在为每一个普普通通的个体赋能。移动互联网可以快速连接到世界上任何一个人,信息不对称的鸿沟被大大抹平了。基于兴趣、技能和专业领域的社交媒体,为个人IP的建立和传播提供了无限的可能。个人不需要再依附于某个集体,你做过的项目、作品、经验,完全可以打包带走,成为你自己的IP资产。

我们在任何一个细分领域里有专长,都可以借助各种社交媒体平台输出内容,向普罗大众提供价值,换取个人知名度、影响力和商业价值。今天视频号的出现,给了我们前所未有的"成为更好的自己"的可能。今天的视频号上,各个细分领域的IP已经崭露头角,未来几年在视频号上一定还会有源源不断的全新IP诞生。

传播学的原理和IP的本质

媒介即人的延伸

马歇尔·麦克卢汉在1964年出版的《理解媒介:论人的延伸》一书中说"媒介即人的延伸"。今天这句话早已经变成了现实,人人都是自媒体的时代已经到来了。顺着"媒介即人的延伸"去梳理，我们会发现：2009 年微博的诞生、2011 年微信的诞生，尤其是 2013 年朋友圈和公众号的诞生，让每一个人都成了媒体，即"人人都是自媒体"，这是第一个阶段，是图文的表达，相当于每个人都可以办一份"报纸"。第二个阶段是从 2016 年各种秀场直播开始的，直到今天还在进化中。5G 技术的应用大大加速了直播和短视频的普及，人人都可以拥有"个人电视台"的时代来临了。

视频号就是个人的电视台，是我们对外交流的名片。20 年前我们使用纸质名片，上面印有我们的姓名、职务、简介、联系方式等有限信息。10 年前微信出现后，纸质名片就不流行了，加微信就相当于出席社交活动时的"递名片"，因为微信上有我们的个人信息。有了视频号以后，你会发现视频号作为名片比微信个人号这个名片效果更好，呈现的信息更丰富、更立体。视频号对于企业的意义更加重大，它是企业安装在千千万万用户家里的电视台，它让企业品牌可以在 12 亿用户面前曝光，同时它还是产品展示、购买的橱窗。

文本从刻在石头上、印刷到书报上，展示在电脑、电视、手机屏幕上，这个进化过程实现了信息的存储和传递。视频化内容的存储、分析和传播将发生根本性的变化，会再一次重塑商业。媒介的进化史，其实也是一部营销史，工业革命以来，任何一次传播革命也都是营销革命。从报纸时代、电视时代到互联网/移动互联网时代，再到今天人人都是自媒体的时代，这是科技的进步在为每一个普普通通的个体赋能。个人和企业要抓住时代赋予的趋势，办好个人/企业的电视台，讲好自己的故事，连接越来越多信任自己的用户，搭建自己的私域流量池，同时用自己的产品满足用户的需求，甚至可以和用户一起分享生意的机会。

营销=传播

传播学，看似离我们的生活/工作/营销很远，很多人认为它是大学院校里新闻系的学生才学的东西,实际上这些理论和我们息息相关。信息传播在我们的生活中必不可少,我们每个人、每一天都在做传播,甚至可以说今天的"营销＝传播"。

今天的人是具有媒介属性的人,不仅是视频号,我们所拥有和使用的每个社交媒体,都是现实中的我们在虚拟互联网上的映射,好比镜子中的你。人们使用社交媒体的基本需求是获取信息和发布信息,具体目的却各不相同,有的是为了打发时间,有的是为了增进沟通,有的是为了自我呈现,有的是为了销售和营销……自我呈现是为了打造个人 IP、营销是为了更好地卖货。这都需要通过"传播"影响用户的思想,改变用户的行为。

今天的营销是注意力营销。内容力就是注意力,也是核心竞争力,我们都是注意力商人。这就需要把自己的社交媒体当作一款产品去运营,即媒体产品化。实际上它就是一个产品,用户用自己的时间(注意力)作为社交货币,购买和消费我们的内容。媒体真正贩卖的也不是内容,而是大众的注意力,回顾过去 100 年,吸引大众注意力的最初是报纸、然后是广播,再然后是电视,进入 21 世纪后,计算机一度成为吸引注意力的主要载体,而今天智能手机的普及,又让社交媒体成为注意力之王。

有经济学家认为经济学自建立以来历经了八次"革命":亚当·斯密的"看不见的手"的革命、新古典学派的"边际革命"、凯恩斯主义的国家干预革命、弗里德曼的货币主义革命、市场不完全竞争的罗宾逊—张伯伦革命、理论预期革命、博弈论和信息经济学革命以及目前正在兴起的注意力经济学革命。而且这场注意力经济学革命将比前面七次都要猛烈的多。

《哈佛商业评论》有篇文章的观点是,消费的未来是内容、游戏和互动服务的融合。事实上,我们可以更进一步说,未来的每一家公司都需要像娱乐/媒体公司一样思考和行动。从一个生产产品和服务的世界,转变为一个被娱乐和传播所定义的世界绝非易事。要想在这个世界上取得成功,公司需要像艺人/媒体人一样思考,而不是像制造商或零售商那样思考。

今天所有试图学营销和销售的人,都不建议你们直接学营销和销售,应该把更多的时间花在心理学和传播学的研究上,扎扎实实去读几本心理学和传播学典籍。未来,再高超的销售技巧,也敌不过你在网络空间里所创作的各种形式的内容。在很多行业,见面成交的概率会越来越低。对一些不是很贵的商品,客户并不需要实地考察,所以需要见面的情况会很少,今后客户考察你的一个重要的阵地就是视频号。

在传播学中,受众的注意力是一个极其重要的研究内容,从某种意义来说,传播的目的就是要获取受众的注意力。1987年,传播学学者丹尼斯·麦奎尔提出,大众媒体的首要目的往往既不是传递信息,也不是通过表述文化、信息或价值观来团结观众,而只是为了吸引和抓住视觉或听觉上的注意力。

在打造IP的过程中,我们非常有必要了解一些传播学最基本的知识、概念和原理。

传播的定义

《新闻与大众传媒通论》一书提到,所谓传播,指的是信息的交流与分享,或人类借助符号交流信息的活动。传播的目的在于使传播的内容为传播对象所理解,使传播者与传播对象实现信息共享。在通常情况下,传播的内容经过传播者的加工转换实现了符号化(这一过程称为编码),只有具备这种符号解读能力的传播对象才能确定传播的意义(这一过程称为解码)。如果不具备这种能力,传播将无法进行。

传播学四大先驱之一的哈罗德·拉斯韦尔在1926年对"宣传"

下的定义是："它仅仅是指通过重要的符号，或者更具体但不那么准确地说，就是通过故事、谣言、报道、图片以及社会传播的其他形式，来控制意见。"1934年，他将宣传的定义修正为："宣传，从最广泛的含义来说，就是操纵表述来影响人们行动的技巧。"哈罗德·拉斯韦尔认为广告和公告都属于宣传范畴。

《大不列颠百科全书》对宣传下的定义是："宣传是一种借助于符号（文字、手势、旗帜、纪念碑、音乐、服饰、徽章、发型、硬币图案、邮票，等等）以求操纵他人信仰、态度或行为的或多或少系统的活动。"

随着对传播学的研究逐渐深入，我国学者对传播的理解与国外同行趋于一致。《中国大百科全书·新闻出版》对传播的定义是："运用各种符号传播一定的观念以影响人们的思想和行为的社会行为。"

传播是一个比较大的概念，它包括宣传、新闻、广告、公关等都属于传播学的范畴。在现代传播活动中，善于将自己的观点和倾向性隐含在精心选择的内容里，这样的人被认为是高明的宣传家。

视频号传播的 5W 模式

现代传播学诞生一百年来，经历过纸媒时代、广播时代、电视时代、门户网站时代、社交媒体时代，现在又来到了 5G 时代，直播和短视频正在爆发。虽然媒介平台不断变化，传播和信息分发的算法不断发展，但是背后的传播原理一直没有变。哈罗德·拉斯韦尔在 1948 年提出来的 5W 传播模式依旧是经典的。

5W：谁（Who）→说什么（Says what）→通过什么渠道（In which channel）→对谁说（To whom）→取得什么效果（With what effect）。

表 4-1　5W 传播模式

传播的要素	谁 （Who）	说什么 （Says what）	通过什么渠道 （In which channel）	对谁说 （To whom）	取得什么效果 （With what effect）
研究的内容	传播者	信息	媒介	受众	效果/目的
研究的领域	控制研究	内容分析	媒介分析	受众分析	效果分析

精准的视频号传播也遵循 5W 传播模式，我们做视频号营销时需要倒推：

你想达到什么目的？

（品牌传播/扩大个人影响力/添加微信/直播带货）

为了达到这个目的，需要说些什么？

（内容是什么）

具体是对谁说？

（你的用户是谁）

在哪些新媒体平台上说？

（视频号/公众号/朋友圈）

为什么要听你说？

（你是谁/做什么的/为什么做得好）

花时间把这些问题理清楚，做起视频号营销就井井有条了。

让视频号营销的效率提升一百倍的方法

视频号是每个人"记录真实的生活"的短视频平台，视频号是基于微信生态社交关系链传播的，既是大众传播也是一种典型的人际传播。

人际传播是一种符号（标签）互动理论。

这句话如何理解？

符号互动理论认为：人对世界的认识，并非是对世界本身的认识，而是对世界中的客观事物的"意义"的认识；这种意识来源于与他人的互动交流，这种互动交流是以符号为载体，以意义交流为目的的。人在这种互动行为中不断调整自己对客观事物的"意义"的把握。人通过这种对"意义"的把握进行判断、做出决策、指导行为，调整自己与环境的关系。

人际传播可以是个体与个体间的信息交流活动，也可以是以媒体为中介的传播。从传播方式和内容上来说，人际传播以符号为载体，以意义为内容。"符号化"是网络人际传播的主要表现形式，每个人在网络上的存在都是虚拟的、数字化的、以符号形式出现的。人际传播的媒体有语言符号、姿态、手势、表情、声调等。无论哪一种媒体，都是一种可以指代某种意义的"符号"。这里的意义指的是人际交往主体想要表达的态度、意见、情感、情绪等。

从人际传播主体的行为上说，行为主体在不断地进行"互动"。人际交往以其渠道的多样性、方法的灵活性，以及双向性强、反馈及时等特点，凸显了传播双方你来我往的典型的"互动关系"。

人际传播可获得信息、建立与他人的社会协作关系、认识自我和相互认知、满足人的社会性心理需求。其中与符号互动理论贴合最紧密的一点就是"认识自我"：你是谁？你是做什么的？或者你代表什么？为什么你能代表？如何让别人认知到这些？

传播不是覆盖，而是穿透

覆盖是单向传播时代的概念，今天的传播变成了双向可互动的，媒介本身也发生了很大变化：一是媒介的去中心化、人人都是自媒体，微信是最典型的去中心化社交媒体，这是它和中心化的抖音最大的区别；二是主流媒介从广播、电视让渡给了微博、微信、抖音、快手、视频号等社交媒体。在这种情况下，再去讲上一个时代"覆盖"的概念,就不够用了。

传播的关键在于——通。无论是过去的传统媒体时代,还是现在的直播、短视频时代,传播的目的就是这10个字——传者传其意,受者晓其事。只有做到了这点,传播才算做到了"通"。作为视频号传播主体的我们一定要知道,我们所发布的作品与传播客体(受众/用户/作品的潜在消费者)知晓的内容是否一致。如果不一致,则传播就只做了无用功。

我们做视频号营销不是仅仅发一堆作品给用户看,而是为了"获取关注、赢得认同和点赞"。在视频号里"点赞即推荐",只有努力做到这些,才能在信息和用户的海洋里高效率地"连接用户和筛选用户",才能获得源源不断的精准流量。否则,即使获取很多的粉丝量、播放量,也都是不精准的流量,在实际转化为销售订单时,并没有特别大的意义。

在泛滥的内容里,你的内容本身再好,也没法让人记得住,人们只能留下一个美好的印象,只能够记住你的内容里始终强调和重复的那个标签(也就是你是谁、做什么的、代表什么)。传播只有做到这一步,才算打通打透。做不到这一步,只叫覆盖,而没有穿透,所以说传播不是覆盖,而是穿透!

说到这里,视频号营销的本质就出来了,就是8个字:获取关注、赢得信任!

标签为王、内容为后

内容是资产;

内容是战略;

内容是最好的广告;

内容是企业的第一产品;

内容是无限增长的流量入口;

这些都是在说内容的重要性。

内容为王并没有错，但只强调内容的重要性，不能提高内容营销的效率。内容重要，标签更重要！

今天的内容是泛滥的、冗余的，再好的内容发出去，分分钟就会被淹没在信息的海洋里，用户根本记不住。一则好内容留给用户的90%是一个美好的印象，而10%才是内容本身。

高明的传播者有两种：一种是制造各种热点话题，让全民一起参与，他在后面摘果子吃。这一种见效最快，风险也最大，一不小心就会被封杀。第二种是善于将自己的观点和倾向隐含在精心选择的内容里。后一种能把营销做得润物细无声，这种持续累积而来的爆发力是最厉害的，是前一种比不了的，传播做到这个程度以后，广大用户就会主动找上门来。高明的传播者总是会有意识地把他的符号/标签植入内容中：既然记不住内容，那记住标签就可以了。

1. 标签是什么

标签就是告诉别人你是谁、你代表什么、你是做什么的，以及为什么你可以做好这件事。一个人的标签和他在媒介上的内容是互相照应的。标签只是内容的一个形式，而不是内容本身，但标签却是用来传播的抓手，即IP的记忆点。

视频号营销的核心就是：在信息大爆炸、信息泛滥、内容高度同质化的时代，我们（个人/企业）如何才能与众不同？别人如何才能记住你？别人如何才能知道你是某一个细分领域里面比较权威的那个人？传播好自己，是赢得用户的关键。我们每一个做营销、做传播的人，都要想一想你是谁，你的产品是什么，你的公司是什么，你在互联网上有没有一个标签。

2. 在信息冗余的时代，让你的视频号脱颖而出的秘诀是什么

100倍放大视频号高传播效率的秘诀就是"标签为王，内容为

后",即:内容捍卫标签、内容服务标签、内容丰富标签、内容证明标签。人们只能记住你的"标签"。让视频号脱颖而出的秘诀就是往内容中植入"IP 记忆点"。这是提高传播效率最重要的法则!

视频号就是冲锋号。我们要想打赢视频号的冲锋之战,就必须要有源源不断输出内容的能力,讲好自己/产品/公司/行业的故事,用可视化的内容积累所在细分行业的势能。这是别人无法竞争和模仿的,可视化和内容二者本身就是壁垒,做好内容以后,自然而然地就把 IP 打造出来了,而 IP 更是铜墙铁壁般的壁垒。

**标签为王
内容为后**
内容捍卫标签
内容服务标签
内容丰富标签
内容证明标签

图 4-2 标签与内容的关系

我们要想打赢视频号的冲锋之战,要学好传播学,通过运用传播学不变的原理和规律,成百倍地放大传播的效率。这也是前面为什么要讲"传播学原理"的原因,因为内容是子弹、视频号是枪支,传播学就是排兵布阵,打仗不能没有战略指引。

IP 的本质

哈罗德·拉斯韦尔在他的名著《世界大战中的宣传技巧》一书中写道:"……符号被认为具有神秘、不可思议的魔力,这种魔力的最大秘诀在于能唤起人们的刻板印象……恰似狗对铃声做出条件反射那样,在刻板印象面前,人们会不约而同地做出一致的反应。"

符号是人类传播的要素。在参与者的脑海中,它代表某种意思,如果对方接受这些符号,它们在接受者的脑海里也会代表类似的意思。《新闻与大众传媒通论》一书对宣传和新闻在内容、方法、目标上的区别做了介绍,对于我们非新闻从业者来说,应该着重去看看"宣传"在强调什么,这将对我们以后开展视频号营销,尤其是对 IP 的打造大有裨益。

第一，宣传重符号，新闻重信息。 符号是对于特定的反应者而言具有特殊意义的信号（刺激物）。一个特定的群体会认为某个符号具有特殊的含义，比如宗教符号等。为了获得最大的宣传效果，符号内容在基调上应当是积极的。宣传者在选择符号时应做到少而精。

只要充满激情，一个简洁的口号、图案往往胜于千言万语。在现代商业社会中，设计一个个性鲜明、易识易记的标志符号，是成功的企业宣传的首要条件之一。而新闻传播追求的是尽可能大的信息量。

宣传的内容不能复杂，也不要列举一大堆道理，只要总结出简单的几条即可。最好是口号化，反复重复这几条口号，一直到这些口号深入人心，能主导人的思想。当一个复杂的问题摆在面前，大众非常容易偏信一些简单答案，来缓解自身"对于无知和不确定性的恐惧"。

在视频号里有一些博主会刻意重复强调一句话，比如@萧大业的"爱大叔不如爱大爷"、@龙东平的"点我头像加关注，创业路上不迷路"。大家想想为什么？

第二，宣传重重复，新闻重新意。 宣传受预设、目标的引导，需要以相同的内容对宣传客体进行反复的灌输。而新闻传播期待的是"朝朝新世界"，忌讳老生常谈。

普通大众接受信息的一个特点是速度非常慢，说一遍他们可能根本没有记住，一定要重复、重复、再重复。古斯塔夫·勒庞在《乌合之众》中说："夸大其词、不断重复、言之凿凿、绝对不以说理的方式证明任何事情，是说服群众的不二法门。"不断重复的说法会进入我们无意识的深层，而我们的行为动机正是在那里形成的。比如"怕上火喝什么""今年过节不收礼，收礼还收什么"我想大多数读者脑海中都能"条件反射"般地得到答案，这些广告都是十年如一日践行"重复、重复、再重复"的典型。一旦我们形成了这种"条件反射",会不由自主地记住并购买这些品牌。

第三,宣传重观点,新闻重事实。宣传所传播的总是某种观念,它通常表现为一定的理论、纲领、方针、道德主张等,即便传播某些事实,这些事实也是为上述观念服务的。而新闻传播须臾离不开具体的、不以人的意志为转移的事实。

第四,宣传重时宜,新闻重时效。为了获得更好的效益,宣传者总是选择适当的时机发布某些信息(比如抢热点),宣传过程中常伴随着"旧闻"和"不闻"。而时效是新闻的生命。

第五,宣传重操纵,新闻重沟通。宣传的本质在于其功利性,旨在对宣传客体进行操纵和控制。新闻传播则以关于环境变化的最新信息来与整个社会沟通。

做出简洁有力的断言,不理睬任何推理和证据,是让某种观念进入群众头脑、操纵群众最可靠的办法之一。一个断言越是简单明了,证据和证明看上去越贫乏,它就越有威力。利用广告手段推销产品的商人,深知断言的价值。到了一定的时候,我们不会记得那个不断重复其主张的人是谁,我们最终会对主张本身深信不疑,广告能有令人吃惊的威力,这就是原因。

第六,宣传有重点,新闻讲平衡。一个社会的统治者必然是社会主导价值观的宣传者,其宣传活动总是具有强烈的倾向性的。而新闻传播则注重以全面、翔实的最新事实来勾勒世界的完整画面。宣传的目的是引导,而不是告知。你要敢于让别人照你说的做,甚至照你说的想。不用去劝说人民,直接给他们下命令就是最好的做法。

在今天的社交媒体里,内容大爆炸以及碎片化的特征使得"传播的符号"更加重要。品牌的起源就是"烙印和符号",过去打造品牌就是打造符号,我的观点认为:今天打造IP的本质就是打造标签，在移动互联网上，一个广为人知的标签会被人们称为 IP。

打造 IP 的本质是打造标签：
标签是用来帮助用户识别的；
标签是降低用户搜索成本的；
标签是用于获取首先被发现的优势的；
标签是最容易被用户记住的。

标签只有一个作用——识别。

你是谁？你是做什么的？你代表什么？你做得怎么样？

一个 IP 的主要含义就是这些，标签就是识别你、我、他的方式。标签化自己，就是告诉别人自己怎么与众不同，只有与众不同才能够被别人记住，不断实现差异化才是一个人最重要的核心竞争力！

在视频号的世界里我们记住的每一个人，实际上就是一个个标签。IP 的本质就是我们存在于互联网上的一个标签。如果我们能在茫茫的互联网海洋里占据一个专属的词语，IP 就打造出来了。在视频号里提起@房琪 kiki、@萧大业、@查理校长、@夜听刘筱、@王蓝莓同学、@朱成英，你想起了什么？你能想起来的那个词、那句话、那个"刻板印象"就是你给他们贴的标签，也是他们刻意经营的标签。

所以打造 IP 就需要紧紧地围绕"你是谁""你是做什么的""你代表什么"持续输出内容，讲好这里面的故事。从而让越来越多的人感知到"你做得怎么样"——你在某个垂直细分领域做得很专业、很优秀。越来越多的用户在视频号里时常可以刷到你的内容，说明你的视频号在不断"出圈"，你的影响力也在不断扩大，有很多人"被你吸引"而来，他们追随你、信任你，这个时候个人

IP 就逐渐养成了，商业价值也随之产生了。

对打造 IP 理解上的误区

有人会觉得打造 IP 很难，认为 IP 都属于那种大明星式的人物，自己这辈子想想都可能很奢侈。

其实不然！

有 1 个人认可你、信任你、觉得你是专家，你就是 1 个人的 IP。

有 100 个人认可你、信任你、觉得你是专家，你就是 100 个人的 IP。

有 100 万个人认可你、信任你、觉得你是专家，你就是 100 万个人的 IP，那已经是超级 IP 了。

通过前面的学习，到这里我们就可以像做物理题一样，把打造 IP 的公式"IP＝标签化×内容力×持续积累势能"推导出来了：IP 的本质是存在于互联网上的一个标签；用视频号打造 IP，就是聚焦在某个垂直细分领域，通过持续不断的内容输出，让自己的"标签"更清晰、更立体；需要坚持，IP 不是一夜之间打造出来的。我迫不得已用了"打造"二字，因为大家都这样用。更恰当的表述应该是"IP 不是想出来的，也不是打造出来的，而是在实践中慢慢长出来的"。

视频号打造 IP 的三步走战略

在今天这样一个超级个体不断崛起的时代，人人都有机会打造个人 IP，只要你有足够的企图心。不管你现在在做什么，做得有多么好或者多么不好，都有机会。这个机会并不会因为你没有钱而比别人更少些。最重要的是你有一颗坚定不移的心！

打造个人 IP 我总结了三步走战略

第一步：懂点传播学，提升驾驭视频号的能力

这是对认知层面而言的。

今天是社交媒体蓬勃发展的时代，用视频号打造 IP，你怎么理解视频号、怎么理解微信互联网都至关重要！前面第 1 章都是在讲视频号和微信互联网的发展趋势，就是在帮我们先打通认知关。

互联网是怎么改变这个世界的？

可归结为两点：信息流通的成本趋近于零；信息传播的范围全球无死角。

移动互联网和智能手机的普及，把人变成了媒体，人成为媒介的延伸，新媒体中最厉害的是"人"媒体。在移动互联网之前，媒体是中心化的，你打广告就只能找电视台、报社，你做搜索优化就只能找百度……那个时候传播的中心是"客厅"，一家人围坐在客厅里收看电视节目，而今天这一切全变了，媒体去中心化了，年轻人已经不看电视了……传播的中心变成了一个个的手机屏。

我们用了较大的篇幅讲解"传播学的原理""IP 的本质"，从而推导出打造 IP 的公式"IP = 标签化 × 内容力 × 持续积累势能"，目的只有一个：从底层逻辑上认知 IP。

众多的知识里，"是什么"比较多，"为什么是"却很少。在视频号里打造 IP 本质上就是一种传播行为，是通过传播把自己"推销"出去，让更多的人知道你、记住你和被你吸引，从而产生商业价值。

学习传播学不一定能帮助你成功打造 IP，但每一个成功的 IP 都必然遵循"传播的规律"。只有洞察规律、本质，才能在实践中坚定信念，少走或不走弯路。

这是打造个人 IP 的第一步战略！

第二步：找准定位，聚焦垂直细分领域，勇敢地给自己贴上一个标签

定位定天下。标签也是一种定位，是根据个人的定位提炼出来的一个"互联网名词"。我们可以根据自己的所长、过去的积累、拥有的资源，以及想要改变某一个领域的决心，最好还能清楚地知道自己的目标人群是谁，然后聚焦在一个细分/垂直的领域/行业，给自己贴上一个容易识别的标签。勇敢地去做这个领域的"第一代言人"。

在这里强调一点，一定要聚焦在某一个细分垂直领域，尤其是刚刚起步打造个人 IP 的阶段。如果你今天发美食类视频作品、明天发鸡汤类视频作品、后天发搞笑类视频作品，这样既不容易让观众记住你，也非常不利于平台的算法推荐。

关于定位，要问几个问题。

1. 怎么找到个人标签/定位

不得不先说一句，找准定位是很难的。

人，最难的就是认识自己！人的一生，真正能体会到幸福感，就是从认识了自己开始的。当你发现既能激发你强烈的兴趣，又契合你专业知识的领域，那就是你最适合探索和成长的地方，你在那个地方的定位就是你的标签。

关于定位，要在花过时间的地方去找答案。对于年轻一点的朋友来说，要找到定位尤其难，因为年轻人积累少、选择多、心不定、易浮躁。一个人过了 35 岁以后，选择就没有那么多了，到了这个岁数，回过头再看看——有什么事是你已经持续干了超过 5 年的，这件事大概就是你后半生要从事的事业了。如果就剩一件事能干、可干，这件事就是你的定位，你的标签就从这个定位里来。绝

大多数的时候，一个人不是找不到自己的标签，而是标签太多了，感觉自己什么都能干，就是不知道选择干什么，或者一年走马观花式地选择做好多事，就是没有一个能长期坚持的。

《大学》中说："知止而后有定，定而后能静，静而后能安，安而后能虑，虑而后能得。"只有当一个人真正了解了自己能干什么、不能干什么的时候，心才会开始安定，才开始不迷茫！天命所归的事或者说让人不迷茫的事有三类：一是自己喜欢的，做这件事是一种享受；二是自己擅长的，可以是天赋，也可以是后天习得的；三是对他人、对社会有意义的，也是人生追求的最高境界。

2. 一个人怎么才能找到自己的定位

给大家布置一个作业：

①你最想做什么？
把你最想做的几件事列出来
②你更能做好什么？
你最想做的几件事中，你能做好什么？
③你最需要做什么？
现实中你最迫切需要做好的事是什么？

这个作业做完，任何人的定位都会清晰起来！

打造个人 IP 的过程中，我们经常会听到"人设"这个词。我的观点是，"IP 的本质是存在于互联网上的一个标签"，标签和人设可以理解为同一事物的不同叫法，它们都是"给人们的一种刻板印象"，不需要纠结这两个词哪个更准确。一般来讲，"人设"是一种"假设"，是拍电影或漫画时的一种人格设定，需要去设定它有什么样的特征。而打造个人 IP 不同于拍电影，你的"人设"一定是你已经具备的某种东西，你要做的事情不是凭空创造它，而是去放大它。因为你没有办法去维持一个虚假的设定，你能做的仅仅是放大你的某一项特征，也就是你的特质里面你希望让别人感受到的部分，这样你的人生才能扎实，你才不会装得那么累。

比较常见的 IP 有四类，故事型 IP、产品型 IP、创始人 IP、知识型 IP。我们先确定自己的类型，再去找到自己的定位和标签。比如说你擅长唱歌，唱歌就可以是你的定位，视频号里的@小阿七、@戴羽彤等都是音乐博主；不论你擅长的是舞蹈、书法、摄影、设计、法律、读书、主持、木雕、做菜还是别的什么，哪怕是很小的技能，都可以是你的定位。

要知道我们之所以成功不是因为视频号，视频号只是放大了我们自身的优势而已。用视频号打造个人 IP，一定要了解自己的优势并能长期提供可靠的价值，才能让价值最大化。在视频号里已经有很多很多这样的案例了，可以多去看看他们是怎么聚焦在一个垂直细分领域，持续积累自己的势能的。

如果一时半会定位找得不太准，也不要停止前进，先确定一个大方向，沿着这个大方向往前走，在实践中再不断优化。但是不能连大方向也没有，那别说打造个人 IP 了，连视频号都只能是随便玩玩。当我们找到了自己的定位，就要给自己贴上一个标签，就要"标签化"自己。我们给自己贴的标签能不能立得住，要通过以后的视频号运营来支撑，具体体现在：视频号的名字、头像、简介、作品等都要和这个"标签"匹配起来，做到一致。

3. 视频号取好名字的 4 个标准：易记、易懂、易传、易搜

视频号名字不能乱取，因为具有"唯一性"且一年只能修改两次。好的 IP 一般有一个简单而响亮的名字，让观众看到名字就知道你是谁、你是做什么的、你代表什么，以及你的视频号会传播什么。

易记：名字字数尽量短一点、通俗一点，让人容易理解和记忆，比如：@李玫瑾说育儿、@都靓读书、@八喜旅游、@奥数周

老师等。

易懂：名字要让别人一看，就知道你是做什么的，可以加上工作标签或者所擅长领域，比如@品诚教英语、@设计师阿森、@摄影舞蹈师－石磊、@蒋晖讲电商创业、@皮皮教做菜等。

易传：名字朗朗上口，容易传播，过去已经传开的名字，为了保持品牌统一，可以直接拿来用，比如：@小阿七、@李子柒、@黑脸V、@夜听刘筱、@万能的大熊、@顽皮的亭子、@猴哥到处走等（如图4－4）。

图4－3　本书作者之一的视频号截图　　图4－4　视频号情感博主@夜听刘筱

易搜：名字不要使用生僻字，拼写要简单，不建议使用英文，尤其是无规律的字母组合，不便于搜索。比如：@EyeOpener、@itsRae、@白茉帆等。

4. 视频号头像最好使用真人形象照

要求：辨识度高、清晰自然、真实可靠、贴近职业、风格匹配、突出特点、围绕定位而选，可以有话题性但不要太随意，太过随意会降低自己的可信度。

视频号的主角是人，一般来说用真人头像，以半身生活照为主，微侧脸，显示清晰的面部就可以了，展现亲切的笑容会是一个加分项。为了达到更好的清晰度，可以找专门的商业摄影机构拍摄一套。用公司的Logo也是可以的，但最好还是用真人形象，机构毕竟给人的感觉是冷冰冰的。

5. 视频号简介一定要好好写

简介主要是告诉用户你是做什么的、你能为大家提供什么价值。简介要做到条理清晰，不要太长，简而有力，精准传达。简介的一级信息重点突出个人的特长/职务/行业/服务内容/有公信力的背书、头衔等；简介的二级信息重点是提炼精华，精准描述个人履历和真实经历，不要有太多无关痛痒的赘述。同时学会运用分割线/特殊符号/表情符号/数字符号/另起一行等丰富阅读体验，给人以阅读快感（如图4-5）。

图4-5 视频号艺术博主@舞蹈摄影师-石磊的简介

绝大多数用户不可能把你的所有视频都看完，所以简介就成了用户快速了解你的渠道。在你的粉丝还没到达一个数量级时，最好不要在简介里留下商业合作联系方式，留了也没用，真正想和你合作的人一定能找到你。

第三步：持续不断地做好垂直细分领域的内容

专业是未来的核心竞争力！美国未来学家托夫勒在1990年出版的《权力的转移》一书中指出人类权力的成分有三种：暴力、金钱、知识。此书的核心思想就是告诉人们权力正在向"知识"转移。

分析图文时代不断出现的超级 IP 背后的核心竞争力，无一不是拥有某一个领域的专业知识。读书读得好可以成立樊登读书会，给孩子的故事讲得好可以建立凯叔讲故事平台，星座知识讲得好可以成为同道大叔……在视频号里打造 IP，同样遵循这个底层逻辑。

这给我们的启发是：无论是个人还是企业，要想在所在的领域里有影响力，无论是打造个人 IP 还是做好营销，积累专业知识和把专业知识以直播和短视频的形式源源不断地输出，让观众不断地看到你的视频号作品，去影响更多受众的认知，是非常重要且必不可少的事情。在表 4－2 中，列举了目前视频号最受欢迎的内容类型 TOP 20，仅供大家参考。

表 4－2　TOP 20 最受欢迎的视频号内容类型

	1	2	3	4	5	6	7	8	9	10	11	12	13	14	15	16	17	18	19	20
内容类型	剧情	生活记录	鸡汤	手艺	美食	美女	科普	健身	单口相声	第一视角对话	动画动漫	场景演绎	舞蹈	艺术欣赏	产品介绍	图片轮播	街拍	音乐	录屏故事	影视片段
内容价值	有趣	有趣	有品位	实用	实用、有趣	有品位、有用	有趣	实用	有趣	有趣	有趣	有趣	有品位、有趣	实用	有趣	有趣	有趣	有趣	有趣	有趣
人群定位	娱乐的需求	长见识的需求	涨知识的需求	长见识的需求	娱乐的需求	涨知识的需求	娱乐、涨知识的需求	娱乐的需求	涨知识的需求	娱乐的需求	娱乐、涨知识的需求	娱乐的需求	涨知识的需求	娱乐的需求	涨知识的需求	娱乐的需求	娱乐的需求	涨知识的需求	娱乐的需求	涨知识的需求
呈现风格	搞笑、感动、正能量	真实、共鸣	共鸣、感动	剧情导入才艺展示	诱人美食教程	诱人、自拍	理性	诱人、自拍、展示健身教程	搞笑	共鸣、感动	生动、有趣	共鸣、感动	有趣、活力	真实、共鸣	涨知识	涨知识	有趣、生动	个性、风格	真实、共鸣	真实、共鸣

厚积薄发才是人生真谛！

打造个人 IP 不可能一蹴而就，速生速死的不叫 IP，只是昙花一现。人们总是会高估两三年内的自己，却又会严重低估 10 年后的自己。任何梦想的实现都是持续努力的结果，一锹挖不出井来。所有光鲜亮丽的背后，都有我们想象不到的坚持和自律。

成为超级 IP 的过程一定不是一帆风顺的，这个过程中会遇到许多困难、焦虑、无助的时刻,这是对我们的巨大考验,它需要我们足够专注、足够耐心、足够沉浸。当你矢志不渝地做一件事情的时候,你会尝试所有可能,如果你只是想试试,就会有无数个借口。专注于一个领域,时间会成为朋友,经常分散领域,时间会成为敌人。只有保持专注,这个世界才会为你让路,专注力才是最好的竞争力。

成功的结果人人想要,成功的路不是人人想走。打造 IP 是一条孤独、漫长的道路,但并不拥挤。因为坚持的人不多,大部分人都是自己放弃的!强者都是经过由内而外的修炼造就的,所有的水到渠成,不过是厚积薄发。那些我们熟知的超级 IP,无一不是这样走过来的!

视频号 IP 打造:真人出镜,事半功倍

在信息表达中,以"书面语形态出现的图文"为代表的"语言符号"传递的信息只占 7%,用以传递信息的其他 93% 都是非语言符号。在传播学中,非语言符号是指语言之外的其他所有传播信息的符号,大体分为三类:一是身体语言,二是视觉性的非语言符号,三是听觉性的非语言符号。电影、电视等大众媒介使用的运动画面,比如面部表情、肢体动作、身体姿势、呼吸、目光接触与注视、着装与外形、嗓音、语气、语调、空间环境等都是非语言符号。

也就是说:图文只能展示相对简单的信息,直播和短视频则可以展示更丰富、更立体的信息。比起文字,我们认知的重点因为广播和电视的产生而永久地改变了。原来人们对一个人的认知主要是通过文字,然后是通过他的言辞,最后是通过他的形象。现在这个顺序颠倒了,形象第一,言辞第二,而文字则列在末位。

这些"非语言符号",在视频号中都是我们向观众传达的内容,都可以形成我们的"IP记忆点",都可以是强化用户记忆的"标签",我们要把这些"非语言符号"变成自己独特的风格。前面讲过"IP的本质是存在于互联网上的一个标签,在移动互联网上,一个广为人知的标签被人们称为IP"。也就是说,一个IP必须具备的两大市场要素——记忆深度和信任深度。

《视觉锤》一书中有句话说"语言是钉子,视觉是锤子"。视觉形象和语言信息的关系好比锤子与钉子:要用视觉形象这把锤子,把你的语言钉子"锤"入消费者的心智中。

视频号母婴育儿博主@查理校长,每次视频开场时都会用小锤子敲两下(如图4-6),接着说句,"上课了"。他说:"我拿的小锤子,其实就是我们学校里老师上课用的一个教具,这种玩具锤,也比较符合我这个母婴育儿博主的定位,每次上课前敲一敲,形成一个固定的标志性动作和模式,更加容易产生记忆。"

图4-6 视频号母婴育儿博主@查理校长

再比如:视频号舞蹈博主@霹雳舞凯凯在工地上跳舞的场景是一种独特的IP记忆点;视频号@观观老师的草药故事,用越剧戏说健康科普知识是全网独一份;视频号情感博主@夜听刘筱,独特的灯光背景、充满磁性的声音以及他多年不变的口号"这里是夜听,我是刘筱"都是IP记忆点;包括抖音里最火的神秘人"黑脸V"等人,都是在刻意创造一种差异化的标签定位,以突出个人的IP记忆点,形成自己独特的风格,让观众更容易记住自己(如图4-7)。

第 4 章 视频号如何打造个人 IP

图 4-7 视频号舞蹈博主@霹雳舞凯凯、视频号情感博主@夜听刘筱、视频号博主@观观老师的草药故事、抖音博主黑脸 V

视频号上跳舞的、唱歌的、讲母婴育儿的博主有很多，但是在工地上跳霹雳舞的就一个，拿小锤子讲母婴育儿知识的也就一个。

也就是说千篇一律不是 IP，谁更加有"差异化"谁才能被更好地记住。为什么前面说打造 IP 要聚焦在一个垂直细分领域？就是因为越细分越容易找到"与众不同之处"。类似的例子还有很多，大家可以在刷视频号时多留意一下，多思考一下这背后的原理。

这些例子告诉我们：用短视频的方式打造 IP，不仅仅只是用文案内容本身传达信息，更重要的是找到"文案内容"以外的"差异化的识别记忆方式"，持续重复它，这样往往会事半功倍。必须要说明的是，这种差异化必须和自己的标签、行业、场景相匹配，才能起到效果，不能生搬硬套。

在用视频号打造 IP 的过程中，真人出镜更加有利于塑造个人 IP 形象。我们一定要训练自己在镜头前的表达能力。做视频号最重要的是练就我们三种能力：在一分钟时间里表达清楚一件事情的能力；在镜头前的表现力；陌生人前的演讲能力和直播能力。直播在视频号中所占的比重会越来越大，我们在打造 IP 的过程中，要多做直播。当然真人不出镜的"其他动画＋语音形式"、语音翻转形式、图文翻页形式等也不是不可以，只是传播效率低一些。对于还不具有很好的镜头表现力的人来说，这是比较吃亏的。不过这并不是不能克服的，镜头感完全可以通过大量的练习锻炼出来。

用短视频的形式打造 IP 是一种更高效的方式，这一点在过去几年里，在别的短视频平台上已经得到充分验证。视频号与其他短视频平台的不同之处就在于平台生态的不同，视频号商业变现的方式更多，路径更短。而打造 IP 的原理无论在哪个平台都不会变化。

IP 承载的是内容，不管是图文时代还是直播、短视频时代，IP 的"内容本位"属性没有改变，改变的只是内容的呈现形式。营销的本质是建立信任。建立信任和创造影响力，正是 IP 的最高使命。持续的内容输出是建立信任和获得影响力的基本保证。

图文代表着抽象信任，短视频和直播代表着具象信任。过去的抽象信任由图文来达成，我们看一篇文章，需要去想象这篇文章背后的人是什么样子，值不值得信任，而具象的信任会由直播和短视频来达成。这种"在场化"的模式将带来"信任的即时建立"。随着5G时代的来临，当短视频进一步爆发、短视频商业化进一步成熟、即时购物进一步风靡，就需要特别重视IP的打造了。5G时代是IP竞争的时代，5G时代将承担着从依靠抽象信任到依靠具象信任的历史性转变。

第 5 章

视频号的商业变现模式

经历过"双 11"之后,视频号创作者们看到了"视频号+"的商业想象力,相比于抖音、淘宝、快手,不用再担心"零启动"阶段的流量问题和营销成本问题。有了视频号,你可以借助视频号的"算法机制+社交裂变机制"轻松组合"社群+个人号+公众号"为视频号实现初始阶段的涨粉。 经过社群小伙伴们 5 个月的实操,发现视频号的玩法和抖音、快手等平台的玩法是不一样的,创作者不用想着先去涨粉到几百万了再考虑变现。 当创作者准备好玩视频号的时候,把视频号的账号定位、内容定位、变现产品都弄出来,一旦开始运营视频号了,第一时间就要想着如何变现了。

视频号+内容电商

在考虑做视频号变现的时候，创作者的眼界不能只停留在视频号本身，更应该观察整个微信生态的商业赋能能力，用好这套组合拳才能实现变现，如图5-1所示。

图5-1 视频号+

视频号官方在北京的"视频号创造营"大会上也提到了"视频号+"战略，明确表示微信提升商业能力的关键在于视频号将微信的各个场景打通，如朋友圈、公众号、微信群、搜一搜等，这就为广大视频号创作者提供了激活微信12亿"公域"流量的可能，最后的临门一脚就要靠创作者去做内容输出了。

内容电商在微信生态里是最常见的变现方式，比如从2016年开始，我们所熟悉的在行、知乎、喜马拉雅、得到、樊登、混沌、头条号等平台都在争夺内容平台的战略地位，投入了几千亿元来争夺这个市场，而微信官方在这块似乎是欠缺的。在微信上的自媒体人、社群创业者、企业一直都在自己摸索，与一些第三方平台建立组合式的变现玩法，比如"公众号+知识星球""微信群+小鹅通""在行+微信群""微信红包+个人号+微信群"等成了最基础的"会员制"变现玩法，但这些变现方式的本质都属于内容电商的范畴。

什么是内容电商

"内容电商"，是指在互联网信息碎片化时代，通过优质的内容传播，进而引发用户的兴趣并下单购买，其采用的销售手段通常为借助文章、直播、短视频、朋友圈小视频等进行引流转化。在内容电商的推广方面，市场上已经形成了一套标准化的打法，比如企业或红人IP通过短视频、店铺、小程序向电商引流；红人IP如果没有供应链的，可以介入某平台的产品精选联盟，并配合平台的流量规则推广视频，为其引流并获得相应的转化收益。

结合近几年的社群玩法和知识付费行业的实践，我们发现了一些内容电商的新玩法，比如头条系的"微头条+专栏"、知乎的"盐Club"、抖音的"短视频+抖音小店+Dou+"、微信的"微信群+公众号+知识星球"等。我们得出一个结论，"内容电商"的范畴大于直播电商、短视频电商，内容是承载IP表达、影响力塑造的载体，也是电商的"流量载体"。

对"内容电商"这件事，我们得把内容和电商拆开来看，如图5-2所示。首先，内容电商要先突出"内容"，内容承担着电商的前端引流功能，但是有一个前提，那就是你的内容爆火，获得了平台的流量支持，或者分享内容的这个"账号主体"是个红人IP，能够自带流量。这也是为什么类似抖音这样的平台有很多的主播天天守在直播间，他们有两个目的，一个是涨粉，一个是和用户互动建立情感信任纽带，为后面的转化做铺垫。在"账号主体"不是红人IP的情况下，内容自动火爆的可能性降低，完全靠内容的随机性。这个时候就需要采用类似"Dou+"推广的方式来获得平台流量支持，这就形成了"平台引流—账号引流—电商转化"的路径。

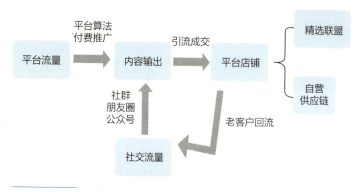

图5-2　内容电商路线图

"内容电商"的另一个端是"电商板块"变现的方式，如果内容是流量的引子，那么电商部分就是"换钱的产品"，通过红人IP的影响力和对内容的价值认同，触发用户的需求，并快速下单。比如李佳琦的口头禅"买它！买它！买它！"就是刺激你"剁手"的阀门。对于具有内容输出能力的创作者，要想实现内容变现，供应链是少不了的。对于普通人而言，就会形成一个"IP+内容+变现"的闭环，这个"变现"指的就是供应链，要么是自有渠道，要么是加入平台提供的"精选联盟"建立带货模式。

"内容电商"目前在内容输出形式上是比较多元化的，比如图文、音频、短视频、直播等，而变现端则需要嫁接一些技术平台的支持，如类似"公众号+知识星球"这样的组合，公众号承接了内容引流的作用，而知识星球承接了转化变现功能。每个创作者在选择"内容电商"这条路的时候，一定要想清楚自己的内容定位、内容平台选择、私域社群构建、IP打造等问题，只有建立一个"内容引流—价值转化—私域社群"闭环，创作者才有机会进一步提高内容电商复购和二次变现的概率。而关于内容电商平台的选择，我们熟悉的有知乎、新浪微博、公众号、小红书、抖音、头条号、快手等，他们都有短视频、直播或短图文等的表达方式，只要创作者确定自己的内容定位和内容平台的用户是匹配的，接下来就要去了解内容平台的流量算法机制，方便更高效地通过"内容输出 + 平台算法"的方式获取更多的平台流量。

这个时代已经不是全媒体营销的时代了，而应该聚焦1到3个内容平台，其他平台只做分发即可。在变现端，我们要设置好统一的标准，如统一的购买入口、统一的客服服务体系、统一的话术、统一的运营体系等，争取把各个内容平台的用户转到自己的私域社群里，提供更多的长尾流量和转化。

内容电商的五种玩法

到目前为止，几乎各家内容平台的"内容电商"玩法趋同，唯一不同的是每一家平台的"内容形式"基因不一样，比如抖音、快手突出的就是短视频、直播等形式，而知乎突出的就是图文、音频形式，喜马拉雅突出的是音频形式。每一家平台的内容电商算法和规则是不一样的，我们不妨一起来了解一下，方便创作者后续在微信生态结合视频号来做内容电商。

玩法一：知乎内容平台

知乎作为一个问答社区，能发展到今天非常不容易。在早期只有图文的时代，知乎凭借认真、专业和友善的社区氛围，结构化、易获得的优质内容，基于问答的内容生产方式和独特的社区机制，吸引、聚集了大量各行各业中的内行人、领域专家、领域达人等，可以说国内的一些资深互联网玩家都在知乎玩过，就连我们最早玩社群的一批人也是通过知乎连接上的。在问答这条赛道，之前参与竞争的有在行、悟空问答、百度问问、360问答等诸多问答社区，但是能一直坚定维护一个良好、精准的知识社区氛围的只有知乎。

知乎在转型的路上也经历过阵痛期，随着知识付费的浪潮，知乎同步上线了"知乎Live""圆桌""付费专栏""付费咨询"等功能，

图5-3 知乎的内容电商

帮助在知乎的内容创作者实现内容变现。在短视频、直播盛行的年代，知乎不是第一个跟进的，而是一直在相对克制地寻找适合社区用户的内容表达方式，直到2019年10月才开始上线"知乎直播"，让内容创作者可以体验"知识直播+刷礼物"的酸爽，同时也给内容创作者新增了一个内容变现的可能。

"有问题，上知乎"，注定了知乎是一个学习氛围浓厚的社区场景，创作者去做"电商带货"的可能性不大，符合"电商产品"的恐怕也就只有知识相关的文章、训练营、专栏、答疑、书籍等了。青木在2020年6月份尝试做直播带货的时候，就在知乎直播了半个月，发现在这个平台，几百人进入直播间的情况还是不少的，而且只要内容好，擅于互动，给我们打赏的人还很多，几天时间就攒了几千的"知乎币"。

玩法二：头条号内容平台

头条号属于"字节跳动"的矩阵产品，在内容电商这个板块占有重要的一席之地，毕竟人家还有两个"孪生兄弟"抖音、西瓜视频，他们在一起建立了"字节跳动"的私域流量护城河。目前，头条号围绕"微头条+悟空问答+短视频+专栏+直播+圈子"帮助

创作者建立了一套完整的内容电商打法,比如"微头条+专栏""微头条+直播""微头条+圈子""直播+打赏""文章+广告"等,帮助内容创作者实现变现。

图5-4 头条号的微头条+专栏

头条号的内容电商体系是所有内容平台中最完善的,几乎所有的内容变现方式这里都有,创作者可以根据自己的喜好选择不同的内容表达方式和不同的变现模式。头条上有两个典型的案例,一个是做内容变现的创作者孙洪鹤,他主要靠圈子、专栏、卖书来变现;另一个是做健身教练的,他通过发视频、直播等方式引导用户购买减脂产品或阅读专栏。

玩法三:喜马拉雅内容平台

作为国内音频赛道的内容平台老大,喜马拉雅在音频这个领域是最早跟进知识付费的,迄今为止已经连续举办了三届"123知识节",每次的销售数据都很亮眼。对于那些不愿意露脸、声音还比较好听的创作者来说,喜马拉雅这个内容平台正好匹配,在这里可以用声音交友。

相比于头条号，喜马拉雅的变现逻辑比较简单，如图5-5所示，主要有"直播+礼物打赏""音频付费专栏"两种形式，比如你是写小说的、搞知识训练营的、做读书会的，等等，你就可以把那些文字类的内容转换成音频，让声音陪伴你的用户，更能击穿人心获取信任感。平台上的音频直播正好补充了"在线陪伴环节"，直播间就是典型

图5-5 喜马拉雅上的直播

的"社交场景"，用户可以在这里聆听主播的议论或者故事，更加愿意为"真爱打赏"。

玩法四：抖音内容平台

为什么抖音也是内容平台？因为不论是短视频形式，还是直播形式，最关键的就是真人出镜，用镜头呈现"消费内容"，比如用户"刷抖音"，这是在消磨时间，也是在消费内容，在"刷内容"的时候就有可能产生消费需求。就好比我自己，打开抖音正好看到一个短视频，主播在推荐"便携式的支架"，我想我反正要做直播，这么便宜不如买一个支架吧！你看，这就是在消费内容，然后顺带就买了个东西。

抖音这个内容平台的内容电商组合也是比较常见的，比如"短视频+带货""直播+打赏+带货"，在这个平台要解决的核心问题就是了解平台的算法，想办法让自己的内容能够被官方推荐，有了流量，

图5-6 抖音直播+带货

创作者的内容才有机会被人刷到,并有机会转化。然而,现在不论是抖音还是快手,商业化进程是非常快的,对于新手来讲,这两个平台并不是最好的选择,不往里投广告宣传费用,几乎很难出爆款内容,更别说可持续的变现了。

玩法五:二级内容电商玩法

二级内容电商平台是对天猫、京东等平台的相对性的称呼,我们把某一个垂直领域的平台称为二级电商,在微信体系里,内容电商这条赛道,我们熟悉的得到、樊登、混沌、小鹅通、千聊、知识星球、荔枝微课等都属于二级内容电商平台。这些内容电商平台有一个特性,那就是突出IP、内容的价值,IP和内容成为引流的最佳方式,其次是借助社群构建的社交裂变打法。

在这些二级内容平台上,有一个非常有意思的现象:平台在刚开始时流量是不足的,这个时候,平台只能和内容输出者合作,而且必须是强IP的"讲师"。讲师在哪个平台分享,他的粉丝就会被带到相应的平台,进而为平台实现引流。待内容平台获得外部流量以及这些具有IP属性的讲师提供的流量之后,平台的私域流量就增加了,这个时候平台才具有能力去反哺更多的内容输出者。

在这些二级内容平台里,如果你是和官方合作的,那就不用担心流量问题和变现问题,只需要把内容做好就可以实现"内容版"订阅变现;如果你只是借助二级平台来服务你的用户,那么可能需要你做社交裂变以及其他的外部流量支持,并借助内容平台的变现机制实现转化。比如使用千聊,我们设置好训练营模式,将所有课程都录制好,用户只要购买了训练营,你就

图5-7 千聊中的知识带货

赚钱了；而如果你是被得到签约了，不光可以得到背书，还能获得平台的重点扶持，形成"内容＋订阅"的变现方式。

在这些平台中，知识就是产品，也会有类似"精选联盟"的供应链体系，所有的内容创作者都可以建立一套"内容输出＋分销"的玩法帮助他人分销知识获得佣金。也可以将这些知识产品变成社群的福利包，打包成某种特权免费送给社群用户，并且借助社群会员变现。

"视频号＋内容电商"的四种玩法

2020年微信视频号的出现，让很多视频号创作者开始思考，在抖音、快手上的成功功能复制到视频号吗？视频号和这些内容平台有什么差别呢？经过一些创作者的实践你就会发现，视频号的玩法和抖音、快手这些完全不一样，视频号冷启动更容易，只要你会玩社群，平时积累了很多好人缘，就可以很轻松地启动你的视频号商业了。

目前视频号的内容表达形式有三种：1分钟视频、30分钟内的长视频、视频号直播。电商板块提供的功能有微信小商店、公众号链接入口。根据视频号的内容电商组合形式，我们就可以建立多种不同的组合。再来了解一下视频号官方的平台流量机制，你会发现比抖音简单多了，视频号的流量推荐机制由"算法推荐＋社交裂变"组成，只要创作者把社交裂变这块用好，就能触发官方给创作者更多的公域流量。

玩法一：视频号＋公众号＋知识星球

视频号作为内容的传播载体，也是号主打造IP的载体，通过每天的更新，不断"刷脸"，在用户的朋友圈里经常出现，就有可能逐步被用户认同，再结合视频号的社交裂变推荐机制，我们的视频号内容就有机会获得更多的公域流量。只要前端的流量解决了，嫁接在"公众号入口链接"处就会被更多人看到并跳转到公众号。

在这个组合中,公众号成为创作者的"电商板块",借助公众号的付费阅读功能、赞赏功能、小程序功能等从视频号引流进来的用户看完公众号内容后觉得内容很实用,是不是会直接付费呢?这种变现方式应该是目前"视频号版"的内容电商变现路径最短的玩法了。如果创作者把公众号当作一个"宝贝详情页"来看待,那么后续只需要在文章末尾嵌入一个跳转页或"二维码",比如知识星球的二维码,直接引导用户识别二维码付费进入知识星球的圈子,就可实现内容变现,抑或在公众号文章里嵌入类似拼多多、小商城这样的小程序跳转付费。

图5-8 公众号赞赏

玩法二:视频号+第三方商城

前两天我在刷头条的时候,刷到一个视频,主播说他们有技术能实现将视频号的"公众号链接"变成"商城链接",我一开始不信,后来我就去刷了这个视频号,发现还真可以,视频号下方的链接跳转进去就是一个商城入口,这么一来,不就可以实现抖音版的"短视频+小店"带货模式了吗?可以说这是一大利好消息,但同时,要解决另一个问题,除了内容本身,如何让这条内容获得更多的曝光率、占有更多的公域流量才是关键。

为了解决这个内容"破圈"的问题,我们就得规划两条路径,一是玩矩阵视频号,比如1000个号发布不同的内容,但是在"公众号链接入口"挂上统一的商城链接;二是借助社群来激活社交关系,发动这些粉丝来给我们的内容点赞、收藏、评论、关注,以此激活更多的公域流量,经过这两轮操作,这个后端的"电商板块"才有可能获得最多的点击和转化。

玩法三:视频号+公众号+社群+千聊

在这个玩法中,视频作为内容前端导读,给后端社群引流,真正成交还得靠社群精细化运营或一对一沟通。建立一套"短视频+专栏"或"短视频+训练营"的玩法,充分借助视频号的矩阵玩法和社交裂变玩法给创作者的社群做引流,通过社群的社交裂变引导一对一成交转化到千聊的专栏课或训练营。

图5-9 千聊后台

在知识付费时代,千聊作为微信生态里最重要的内容平台之一,帮助了很多新媒体人、社群从业者、教育行业从业者解决了运维和变现的问题,随着千聊团队不断的技术迭代,目前已经为内容创作者提供了"课程专栏""训练营""会员"等"电商版"知识产品。在目前的视频号体系里,创作者可以用"视频号+公众号+个人号(社群)+千聊"的组合拳实现知识变现。

玩法四:视频号直播+带货

2020年11月15日晚上,我的朋友圈里的郭亮亮同学已经连续直播7天了,每次深夜直播都会给大家带来很多知识付费行业的内幕分享和行业洞见,他将视频号直播比作"交朋友",每晚雷打不动地在视频号直播间里分享一些行业知识,吸引了很多粉丝进入直播间来"点赞"助力。在直播的同时,他也挂出了"生财有术"的日历,并和大家讲这个日历的营销价值,别说,还真有很多人立刻就买,在我看来,这种购买行为是对号主的认同,是一种更加人格化的变现方式。

借助视频号做直播带货,既属于内容电商范畴,也属于直播电商范畴,但从郭亮亮同学的案例中可以看出,视频号的直播变现,产品是第二位的,人格 IP 的信任变现才是第一位的。只要号主的直播内容能打动人心,提一提带货产品的价值,号主又有一定的铁杆粉丝,自然成交就不难了。视频号直播带货除了能变现以外,其实还可以通过直播口头引导用户扫码或者拍下入群订单、在评论区引导添加微信等方式获取直播间的公域流量。

图 5-10 视频号直播带货

我们在微信小商店上架产品的时候,发现小商店上架产品审核的速度是非常快的,全程不超过 2 分钟,而且对于产品品类这块的把控也不那么严,这就意味着在小商店这个入口,"带货"不只可以是实物,还可以是虚拟的形式,比如付费社群、专栏课、训练营、一对一问诊、活动报名等都是可以的。

内容电商天然适合微信生态。广告式的推销很显然在半熟人的社交场合是不被人待见的,就像现在很多群,用户已经对那些发广告信息的人很排斥了,几乎是零容忍,而且很多人已经意识到了发广告没有用。一部分人开始关注个人 IP 打造、朋友圈人设打造、社群精细化运营等,并且对于自己的私域用户更加珍惜。"视频号+"解决了用户信任问题,也能帮助号主打造个人 IP,并结合私域社群,建立一套完整的内容电商打法。

视频号+直播电商

随着网购用户突破 10 亿人,近年来,传统电商行业的渗透率逐渐接近天花板,行业增速放缓、拉新成本提升。以拼多多、斑马为代表的社交电商发展起来,借助社交关系形成规模优势、降低营销成本;内容电商同样崛起,以文字、音频、短视频、直播等表现形式与电商结合,以有价值的内容吸引流量、促进销售。

直播电商兼具内容电商与社交电商属性,一方面主播以优质内容吸引粉丝,实现流量聚集,另一方面依靠粉丝关注的社交关系与粉丝互动,建立信任关系,实现流量变现。

什么是直播电商

直播电商是近两年伴随着抖音、快手而兴起的一种商业模式,其对应的是传统电商平台,如京东、淘宝、天猫所建立的电商直播。直播电商更偏"社交属性",而电商直播更偏"产品属性"。

直播电商,就是及早洞察直播卖货价值的一部分 MCN 机构和一些人(主播)率先把直播与卖货有机结合,形成的一种新的电商卖货形式。也可以把这种形式归结于电商领域,是传统电商+直播的卖货方式,最早启动直播电商玩法的是淘宝直播。目前,在各大电商平台、各大视频平台以及有关 MCN 机构的推动下,特别是借助一些成功主播的网红效应,直播电商已经成为一种很重要的电商模式。

对于直播电商,企业更应将其定义为一种新的电商卖货渠道。2020 年"双 11"爆出直播造假事件后,官方迅速出台了相关政策,代表着新的直播电商渠道还有很大的改进空间,未来还会有更大的发展,未来直播电商有可能成为一种很重要的电商渠道。因为直播电商较好地发挥了直播的传播效果，行业的进入门槛相对较低，并且会为一些自带流量的人群（如明星等）带来很好的流量转化变现效果。

目前分析，未来的直播电商形式还会更加多样化，会有像薇娅这样的独立公司运作模式；会有像李佳琦这样的专职主播模式；会有更多的类似如涵这样的 MCN 机构，搭建直播电商平台，服务于多个主播；会有更多的明星、KOL 借助这样的直播平台实现其自身流量的变现。

对企业来讲，应该把直播电商渠道定义为一个新的电商卖货渠道。这个新的渠道是目前渠道多元化的一种。与直播电商渠道的合作可以有多种形式，比如可以做供货商，一切的交易交给直播电商平台；或者是合作直播，其他的交易事项由企业自己完成。

除了在类似抖音、快手、小红书、B 站这样的平台可使用直播电商打法以外，其实在微信生态中也有一些直播电商范本，比如小鹅通直播、千聊直播、有播等，它们都属于微信私域直播电商玩法，既可以带课程，也可以带产品。

直播电商怎么玩

2020 年 11 月 17 日，互联网上开始大量爆出"双 11"各家平台造假事件，进而升级到"直播大 V 打假"。

2020 年，电商行业因为直播带货而兴起，不断创造着直播带货的神话，仿佛一夜之间直播电商成了吸金黑洞。那些稍微有点名气热度的明星、企业家、网红都来搞直播带货，一场直播带货，动辄几百万元、几千万元，这次"双 11"更是接近几个亿元。在这些夸张的数据背后，其实养活了无数的刷单人。

在这次"双 11"之后，盘点 2020 年直播带货的翻车名场面，直播带货数据造假再次被推倒了风口浪尖，引发了网民的一片骂声和质疑。经历了魔幻的半年,你突然发现直播带货的交易额、观看数据原来都是表面好看,背后都是一些"注水"的套路。

2020年11月13日,国家互联网信息办公室出手了,发布了关于互联网直播营销的文件,要求直播间运营者、直播营销人员不可随意修改浏览、点赞、交易数据,要求直播内容平台提供内容回放功能。这就意味着现在这种魔幻景象在未来的一段时间将会得到改善和监管。

这是不是意味着直播电商走到头了呢?其实不然,监管是好事,不知道大家有没有看2020年"双11"京东直播首次打造的"京东11.11直播超级夜",它首次在视频号同步直播了。数据显示,京东本场晚会全网累计观看超过2.2亿人

图5-11 京东11.11直播超级夜

次,2020年11月11日当天京东直播带货破亿元。这说明什么?内容的价值越来越重要了,内容成为直播电商"泛娱乐化"的试金石。不论是2020年京东的618,京东举办的"硬核前浪演唱会"、线上"草莓音乐节",还是近期京东的直播超级夜,为了让电商直播变得更有趣,而不只是卖货,京东正在逐步将直播这部分内容化、娱乐化,让用户在体验中抢购。

2020年可谓是直播电商大爆发的年份,很多平台把直播当作一种带货工具,但是,如果直播电商只是一个促销场所,只有卖货和各种花式作秀的话,泡沫会越来越大。直播电商应该给企业提供一个"营销场景",帮助企业做用户拉新、促活、留存、成交的全链路服务,在这种场景中,你可以带货、清仓,开新品发布会、社群发布会,甚至做用户的反向定制需求调研等。

当下直播电商除了企业、网红、明星参与外,其实一些企业高

管、企业老板也开始亲自上阵了，以"总裁 + 平台高管""品牌总裁 + 行业专家""品牌总裁 + 明星"等"总裁 +"直播模式，通过"总裁直播"传递品牌温度、产品价值，帮助企业拉近和用户的关系。还有一种玩法是增进直播电商的文化底蕴，比如京东和故宫合作，请来了故宫第六任网红院长单霁翔走进直播间，携手一众非遗大师为"国潮"文化助力传播，让直播间变得更加有文化底蕴，观看的用户自然也会觉得赏心悦目，因而甘愿下单了。

"视频号 + 直播电商"如何玩

老实讲，现在视频号的直播电商体系还并不太成熟，比如我们之前说的美颜、打赏、推广，又比如视频号直播的数据抗压能力等。早在 2020 年 11 月 9 日那场直播，情感大号夜听刘筱就经历了一次"宕机"，当直播间积累到一定人数的时候，就会发生一次大概率的掉线事故，同时，视频号的小商店购物车也会突然刷不到。由此可见，视频号直播带货的基础设施还需要官方重视。

话虽如此，但是这次我们从官方的迭代速度来看，相比于之前的公众号、微信号、小程序等，视频号的更新可谓是"高铁"速度了，基本上每周都会有更新，比如话题功能从最初的视频号文案带话题，逐步开放到朋友圈话题、群话题、搜一搜话题等；又比如视频号直播的展示入口，从视频号内部逐步开放到微信群、朋友圈，甚至在朋友圈置顶一周等，这些都是官方在不断测试用户的喜好，尽最大可能力推视频号。

在微信生态内，私域电商必然是一个趋势，围绕视频号直播的电商打法也逐渐多了起来。近期观察发现，视频号官方在"视频号创造营"内部开始扶持一些创作者，比如十点读书的林少、萧大业、李笑来、王石、房琪 kiki、刘兴亮、潘乱等大号，不仅在线下全国巡回推荐，在线上也开始在视频号直播玩法上优先内测扶持。

在 2020 年 11 月 17 日晚，十点林少参与了视频号发起的直播活动#我在视频号直播。在直播现场，据林少介绍，同步开启视频号话题直播的号主大约有 1000 多人，这恐怕是视频号直播史上第一次出现这么强大的直播话题阵容了。这场直播大约有 2 万人参与，在直播间的互动频次非常高，大部分参与者都是十点读书的粉丝，很多用户在评论区询问如何付费进入十点读书的社群，这对于一些有 IP 标识的号主来讲，应该是视频号直播的天然红利了。

除了十点读书的林少参与了视频直播，我们也看到了互联网大咖萧大业、杜子建也开启了视频号直播，在线人数一般在两三千左右。比如，萧大业有一场直播是在带货推荐他的训练营，价格三千多元，点进去付费的人也不少。这应该算是视频号直播变现的经典范本了。在社群行业，一些资深的社群玩家都入驻了视频号，比如谢晶、卢彦、袁海涛、老壹等一众社群大咖。视

图 5-12 十点读书的林少的视频号直播

频号的江湖越来越热闹了，对于每个普通人而言，这或许就像曾经公众号刚刚崛起的样子，每个人不得不躬身入局，开始历练自己的镜头感，并且要提前布局自己的私域社群。

相比抖音、快手，视频号目前的变现金额可能达不到几千万元、几亿元。但是对于每一个有个人 IP 属性的人来讲，圈层化的商业机遇人人都可以拥有，关键在于你的影响力有多大、你有多少私域流量。在微信生态体系里，观察了这么多创作者的直播，我们发现了一些视频号直播的玩法和具体直播流程，在这里和大家分享。

我们先一起来了解下微信生态内"视频号+直播电商"的变现玩法是怎么设计的,一场直播,我们可以划分为五个板块:引流、预热、内容、直播间互动、转化。对于一场直播而言,关键点就是流量和直播间内的 IP;而视频号直播要变身"直播带货"的情况下,就要了解视频号的直播电商基础设施,大家可以看到,目前官方的功能架构是由"直播+小店+短视频+多个场景流量入口"组成。基于这个架构,我们可以设计三种不同的组合玩法。

玩法一:私域社群矩阵+直播+小商店

如果创作者擅于做社群裂变或者本身就有很高的 IP 价值,那么,引流对创作者来说就比较简单了,比如十点读书的林少在做直播的时候,就有自己的专属直播群,每次要开播了,提前 3 个小时将直播的海报放进 100 多个社群里,就会有大量的社群用户分批进入直播间。这给视频号直播提供了"零成本"启动的流量扶持,当进入的人多了,这里就会触发一个视频号界面"关注"的流量入口,会显示"X 个朋友在看",引导朋友的朋友也有机会点击进来,为直播间带来新的流量。

除了这两拨流量外,在直播间互动的时候,创作者也可以通过抽奖机制,引导用户以"关注+分享直播间+回复 666"的方式增加互动频次,同时获得用户分享的社交流量,持续为直播间导流。如果你本身也具备 IP 基因,就能驱动用户自发分享到他们的社群、朋友圈,增加他们的身份感和社交货币价值。

图 5-13　龚文祥的视频号直播

了解了流量的抓取逻辑之后,接下来,创作者就要了解直播间的一些互动玩法。比如刚开场的时候,可以引导用户"签到回复 1",接着引导用户点击

"点赞"按钮带动用户的活跃度。当用户的注意力都被吸引过来的时候，可以再适当讲一些干货内容，但重点是互动，结合正在内测的"评论上墙"功能引导用户评论互动，这就给创作者在直播间的互动玩法增加了问答、助力等元素。通过这些互动玩法，创作者能增加用户的信任度，再在后续推荐自带的货品，就有可能带动用户去了解小商店的商品，并有机会产生转化。

2020年11月18日，笔者无意之间看到了龚文祥的视频号直播，简单地观察了他的直播，发现他特别会玩，在流量这块，依托原有的"微商团队"社群做流量分发；在互动这块，借助评论回复666、团队打卡、集体点赞、评论上墙等方式充分和用户互动，并且擅于借助自己的影响力为他的付费会员站台，引导会员上墙，并口头为上墙的会员产品代言。在这个过程中，只有10%的干货内容，却有60%的互动、10%的推介产品、20%的答疑互动，直播间的互动氛围非常好，一个核心思想就是增进和用户的互动、引导用户之间的链接，而推荐产品只是简单带过，这样的体验会变得非常好。

玩法二：话题+社群矩阵+直播间+小商店

第二种玩法的差异主要在"流量端"的变化，比如官方现在已经为我们开放了朋友圈、微信群，视频号发布界面也开放了话题功能，这就意味着一个轻量版的"微博"玩法出现了。每一个人在发推荐语的时候带上话题就能吸引到一些潜在流量，比如视频号官方发起的"我的视频号直播"话题，一部分的人最早看到了官方这个活动，甚至获得了官方的支持，比如十点读书的林少，有官方背书、官方的直播福利产品、背景道具等，完全可以借助这个话题和官方背书来引流。除此以外，私域社群也是关键，这里重点要提的社群玩法就是，作为创作者，我们要有造势的思维，先举办一次社群大会，再来做直播，可能影响力更大。

举个例子，竹园大学在 2020 年 11 月份筹办了一次视频号行业大会，现场非常有江湖气息，而这次大会的规模大约有 800 人，这也算是一次造势；同时在视频号风口期，吸引了无数的视频号创作者。如果你是这次大会的嘉宾，那么这次大会是不是给你做了背书呢？很显然，有了这个背书之后，你就在这个赛道有了自己的地位了。

当你做完这个造势动作之后，再回到线上做直播，结合社群矩阵的打法，直播间的人气就不会太差。只要和用户互动得好，用户就信任你，当你再告诉别人有一个链接自己的机会的时候，用户就会选择付费。所以创作者要清楚，我们不是在卖产品，是在卖链接，用户想和你链接就会拍订单，你也就赚到钱了。

玩法三：私域社群矩阵 + 视频号直播矩阵 + 小商店

正如这次视频号官方的话题玩法，我们看到了十点读书的林少发起的一个公益读书活动，大约有 1000 个号主在同一天晚上同步视频号直播，这个玩法给了广大创作者一个很好的思路，做视频号矩阵 + 话题功能，既能给创作者造势，也能给创作者带来长尾流量，更能在直播过程中吸引很多公域流量，再结合直播间互动，引导用户加入私域社群。在直播过程中，又可以获得视频号"朋友在看"的公域引流，如果你也有自己的私域社群矩阵，那么这个直播间的流量就会变得很大。如果创作者都是基于一个社群品牌来做视频号直播的，会整体带动号主的个人 IP 势能。比如我们的视频号社群"视频号就是冲锋号"是一个社群品牌，这个时候，如果有 1000 个群主都来直播并加上我们的社群名，是不是能给我们的社群和个人号主带来影响力呢？

有了流量之后，直播间再配合刚刚分享的那些互动玩法，就足够做好一次直播带货了。

视频号＋社交电商

很多人可能不知道，社交电商的前身其实就是"微商"，我们在朋友圈里看到的晒单、晒产品、发群广告等多半都属于"微商打法"。2016年以前微信中图文盛行，到处刷屏。每日一淘、未来集市、小米有品有鱼、好衣库、云集等平台的海报、链接你看到过吗？在你的社群里，有没有经常被邀请"砍一刀""拼个团"呢？这些都是社交电商的前身。随着短视频的崛起，"海报式"的刷屏卖货行为逐渐少了，慢慢变成现在的小视频、直播带货形式。

今天热门的社交电商代表已经逐渐明晰，如京东的芬香、腾讯的小鹅拼拼、阿里的淘小铺，基本上都慢慢转向了短视频或直播，信息的传播介质发生了巨大的变化。以前是卖产品，今天是卖IP、卖沟通、卖注意力、卖信任。这个变化是不可逆的，社交电商会成为未来的主流商业模式，将中心化的公司雇佣制变成"平台＋超级个体"的分布式商业打法。

七年前，微商以一种矛盾的姿态出现在人们面前。比如当年最火的"俏十岁"凭借微商异军突起，一年卖出了超过4亿元的面膜，并冠名央视、湖南卫视多个综艺节目；随之而来的是假货、拉人头、吹嘘洗脑、付钱后不发货、直接跑路等乱象。这使得微商逐渐被人们与传销、骗子画上等号。

和微商类似，根植在微信社交网络上的，还诞生了另一头独角兽——拼多多，可以说没有拼多多，微信体系的社交电商打法也不会发展得这么迅猛。拼多多仅用3年时间做到3亿用户，并且美股上市。其快速增长的奥秘，有人说是依托社交裂变汇聚原本离散的消费需求，匹配供需，通过各种社交分享的游戏，获取低价的社交流量，也有人说是靠山寨劣质产品的廉价冲击市场获得"北京五环外的下沉市场",这使得拼多多也经常陷入舆论的漩涡。

微商和拼多多的模式并不是首创,无论是代理分销还是社交拼团,无论是山寨还是假货,这样的玩法始终存在,甚至早于互联网的时代存在。在移动互联网时代,拼多多抓住了下沉市场的社交电商的机会点。社交电商的机会才刚刚开始。

未来的社交电商是去中心、碎片化的,平台的价值更多在于其链接属性。社交电商会从重视产品品牌转向重视个人 IP 打造,从重视获客成本转向重视用户信任。

什么是社交电商

2020 年 11 月 19 日,新媒体行业社群组织 28 推首发了一份"视频号启航地图",每个人都可以扫码进去购买,也可以点右上角的"赚钱"字样生成自己的海报分发。这个就是典型的社交电商玩法,当我们通过自己的社交网络,如朋友圈、社群、线下地推、微博等渠道,让身边的用户扫码购买后,自己就可以获得一份收入。这种依托人脉网络分享变现的玩法就是社交电商常见的玩法之一。

我们给社交电商下了一个定义,借助网络社交平台或电商平台的社交功能,将分享、拼团、讨论等社交因素应用到电商中,借助社交流量完成产品信息的传播和产品的成交,并且让分享者获得收益的商业模式,就是社交电商。

相比传统的电商打法,比如京东、淘宝、苏宁、国美为代表的传统电商巨头,社交电商又有什么特点呢?

传统电商就是以货为中心,说白了就是卖货。你的货足够好、足够特别、性价比足够高,越能以货为中心做好优化与营销,你就可以在电商平台越多地出单。这是以商品或供应链为中心的。说白了,就是自己把货物放到电商平台上去卖。而社交电商则是以人、人形成的社交关系为中心,不再以产品搜索、产品展示为模式,通过社交方式、社交手段、社交工具，以用户分享来传播，以此建立口碑，促进消费者成交。

在社交电商中，通过给商家推荐卖货，自己可赚取佣金，同时通过推荐好货，也能够在一定意义上推进整个电商生态的良好发展。如果你也遇到过有人给你推荐、分享货物，只要不构成骚扰，不必太排斥，万一正好你也需要，也省去了你去搜索产品的时间，算是一件好事。

很多以前做微商的人纷纷转向社交电商，通过入驻知名的社交电商平台，打造自己的团队，赚钱的速度比微商更快。社交电商是以社交为前提的，如果你的社交能力好、圈子大、人脉还不错的话，相对而言就会做得更好。

可以说，拼多多是社交电商的先驱，后来随着这个概念的火爆，从业人员的快速增长，很多传统的大电商平台也纷纷上马自己的社交电商项目，如阿里系的淘小铺、京东的惊喜以及芬香等。它们更看好的是这个形式的电商会给平台带来更多的流量，更好地助力其稳健发展。

灵活、极其简单的操作方式，也是让社交电商可以快速火起来的因素之一。很多做得好的人都是在家带娃的宝妈、在公司想多一份收入的上班族，或者暂时失业没事干的人，只要有一部手机就可以操作，这让它有了无限的空间。而各家内容平台的传播作用，无疑又对其普及产生了直接的影响，到处都是有关社交电商平台的报道和做副业的信息，赚钱毕竟也是成年人的刚需，自然就有很多人加入这个行列。

如何玩转社交电商

我身边做每日一淘、小米有品有鱼、淘小铺、芬香的朋友都有，我问过他们赚到钱了吗？大部分人的答案是没有。为什么赚不到钱呢？有两个原因，人脉不足以及卖的人比买的人还多。一个月辛辛苦苦做推广，没准就赚几千元钱，而且有时候还会得罪人。可是，你在网上总能听到一些分享，说自己月薪十万元，靠社交电商买房买车，这才造成大批的宝妈、上班族、蓝领等人群投身社交电商。

在社交电商圈里真正赚到钱的还是比较少的，比如现在的小米有品社交电商顾问、佛系推手团创始人老房，在他的体系里团队成员将近 80 万人，他真的可以实现躺着赚钱。但是你会发现类似这种能赚钱的人，不只是人脉多，更多的是因为懂社交电商的模式，也知道如何做到"不刷屏、不推销、不说服"就能让用户自愿掏钱。核心秘诀是什么？我认为有三点：懂人性、懂社交、懂价值输出。他们擅于用吸引力来影响别人，让别人靠近自己。你会发现，社交电商卖的不是货，卖的是靠近你的机会或者发财的机会。

在青木会社群里，有一个参加"12 天视频号训练营"课程的宝妈在分享她的故事的时候告诉我们，她是一个在职的老师，为了不影响主业，通常都在下班后或者带娃的时间来做副业；据说她做了两个月的时间，每个月都能赚一万元；她提到了一个非常关键的核心，那就是选择了一个好的平台、一个好的导师，帮助她恶补营销知识。作为一个普通人，要想玩转社交电商模式，要先关注自身，想想自己有什么资源？我选择和谁一起做？我要做多久才能赚到钱？这些问题一定要在开始前考虑清楚。

我们对于社交电商的玩法做了一个梳理，普通人在准备做社交电商的时候，需要按照这个思路来执行。

第一步：选择对的平台

市场上有社交电商名义的公司是非常多的，比如拼多多、花生日记、海尔顺逛、每日一淘、好省、粉象生活等，都属于社交电商平台，除了这些平台之外，市面上做社交电商的公司估计有上万家。我们普通人如果不了解这些平台，就很有可能挑花了眼，不知道怎么选择了。

如何去判断一个社交平台值不值得跟呢？我们考虑以下九点：
平台的创始人经历
平台的背后资本
平台的供应链能力
平台的商业模式
平台的赋能体系
平台的营销理念
推荐你入局的引荐人
有多少人赚到了钱
自己的学习能力

选对平台，跟对人，是普通人做社交电商最关键的一步，这一步没选好，后面的所有努力和成本都会大大提高，甚至有时候再想做其他的就更难了。

第二步：塑造自己的 IP

卖产品光靠刷朋友圈是很难的，我们应该考虑的是自己的朋友圈人设如何打造、文案怎么发、形象包装如何做、生活方式如何优化、带领你的团队如何变得更好，等等，要想经营好一个社交电商团队，对于你的要求是很高的，比如你自己要有学习能力、要有能影响别人的能力、有要链接大佬为你背书的能力、要有赋能你的团队赚钱的能力。如果你自己都赚不到钱，估计跟着你的人也就没有信心了。这个时候，我们建议你在刚开始做的时候，不忙着去招募代理，而应该去规划布局自己如何"造势"、如何提升自己的形象和气场、如何建立一个垂直领域的小 IP 等，用自己的价值吸引人跟你一起玩。

一个社交电商团队必须要懂得"势能运营",每个人都应该有IP思维,从自己的穿搭形象、内容输出、社交账号发声、待人接物到社群运营等都要做到多奉献自己、多输出自己、多去学习,才有可能吸引你的团队跟你走。当你的团队都有IP思维的时候,你这个团队的势能就很高了,又何愁招募不到新的队友呢?又何愁卖不了产品呢?社交电商在卖的始终是一种美好的生活方式。

第三步:建社群

很多人一听说要自己当群主建社群,就特别害怕,生怕做不好,不知道社群怎么运营。其实经营一个 B 端的代理类型的社群,不用像对待 C 端用户一样去操心,能付费进来的人,一定是想跟着你赚钱的人。在建社群之前我们就得做用户画像,比如这个人选择某某平台的理由是什么,想在这里收获什么,想多久赚到钱,想赚多少钱,曾经的阅历有什么,有哪些资源和特长等。当你对你的代理有所了解之后,你还担心不知道怎么服务他们吗?

经营好一个代理社群,基本诉求少不了以下几点:
①商业模式的学习
②营销技巧的学习
③学会写文案
④学会做图
⑤学会拍视频
⑥学会相关产品知识
⑦学会链接大佬
⑧向有结果的人学习

当你了解了这些以后,就可以开始制定你的运营方案了,比如输出什么内容、请什么大佬来站台、参加什么平台活动、读什么书、让团队成员成为朋友等,这就是社群运营。总之,建社群不要担心做不好，要多奉献自己，多链接代理，助力成长，多展示自己"变美变好"的一面，让团队成员对你有信心，愿意和你玩。

第四步：混圈子

多数选择做社交电商的人，其实除了赚钱，更深层次的需求是不想被社会淘汰，想找一份副业做，认识不同的人，顺带赚一些钱，还能学到一些东西，跟得上时代的发展。有很多人刚入行的时候，自己的微信好友连两百人都没有，很显然，这种情况想做社交电商有点难度。还有一类人，不知道自己的 IP 如何设计、自己到底擅长什么、自己怎么做才能赚钱等，随着时间的推移，多半人坚持不下去，又换平台了。

当你遇到上述的情况，那么我认为你的第一步不是着急去如何赚钱，而是在选择平台的时候，去看看这个平台平时都有什么活动，你可以参加。

第五步：擅于分钱让利

作为团长，不止要想着为自己打造 IP、自己赚钱，也要考虑如何让团队成员成长、赚钱。团队要把自己变成一个"超级个体"；链接公司、外部圈层的资源来辅助团队成长；让团队成员看到你对他们的好处，自然就能驱动他们积极努力了。

分钱是一门学问，只有把钱分出去，才能将钱赚回来，这大概是社交电商能做大的一个小秘诀吧。收获人心远远比维持冰冷的层级关系有效得多。

"视频号＋社交电商"怎么玩

视频号出现之前，普通的个体在做社交电商的时候，是很难让信息和人"出圈"的，但是现在我们有了视频号，借助视频号的算法机制和社交裂变机制，就比较容易获取微信的公域流量了，同时又可以通过"视频号+私域社群"的玩法激活一部分潜在的人群。

过去在微信生态内做社交电商，打法可能不太容易复制，但是今天有了"视频号+"，一下子就把IP打造、私域社群经营、产品变现、内容运营、用户运营等问题解决了。

如何结合视频号来设计一套标准化的打法呢？这里笔者参考了十点读书的林少和视频号官方合作设计的矩阵式直播玩法，给我们提供了很多灵感。我们来一起了解视频号是如何促进社交电商的。

图5-14 "视频号+社交电商"模式

如图5-14所示，结合视频号做社交电商，我们会从流量、IP、转化的维度来设计，比如"1+N+1模式"指的是主推1个视频号，N个渠道分发，1个统一入口；"N+N+1模式"中的第一个"N"是指做视频号矩阵，第二个N是指做私域社群矩阵+个人号朋友圈矩阵，1代表统一入口。按照这两套模式，我们就可以开始构建"视频号+社交电商"的打法了。

玩法一：构建"视频号IP矩阵+私域社群"，形成流量闭环

对于一个做社交电商的团队而言，创建者必须要率先站出来刷脸，多借助视频号来和你的用户沟通，增进信任度。当你自己养成了镜头感之后，就要带领你的团队全部进入视频号，并且要建立视频号矩阵，比如新商业女性社群，他们的视频号名称都是"新商业XX"，这有利于打造视频号矩阵IP。同时，还要结合统一的话题功能来为所有的视频号创作者建立矩阵流量，比如我们建立的社群"视频号就是冲锋号""社群行业内容联盟"都采用了这个方法。

视频号矩阵建立后，还要构建私域社群，每个群人数在100人以上，如果每个人都可以做好这件事儿，那么后续做直播、拍短视频其实都会有起步的流量支持，结合"矩阵的玩法＋私域社群的玩法"，让流量变成雪球，越滚越多。

玩法二：积累流量再分发

这套玩法可以借鉴格力模式，格力的代理们将自己的门店客户、微信好友等资源统统导入格力董小姐的直播间，并且通过直播间做成交。这个玩法在视频号官方分销功能成熟后可以试一试，解决了一些队员不会做内容的问题，通过"IP＋内容＋用户"的配合形成了流量聚拢和流量的本地化，甚至转化、服务都由本地代理商来完成。

当你作为创建者，有内容输出能力时，就可以考虑试试视频号直播带货了。创建者作为主播，其他的队员作为引流队员，将流量引入创建者的直播间，并且协助创建者管理直播间和引导成交。

玩法三：变现入口统一

之前我们在做社交电商的时候，采用的都是一键分享模式，或者自己在群里发广告卖货，或者自己直播卖货、拍视频卖货，等等，但每个人的成交能力是有限的，不论是拍视频卖货还是直播卖货，我们要先把成交的入口全部统一，比如"短视频＋公众号入口""视频号直播＋小商店＋个人微信＋社群"等都要标准化。在短视频中放入一个统一的报名入口，方便结算，在直播中通过小商店成交的应后续添加助理再复核数据。这样一个"扁平化协作团队"就建成了，变现的效率也会大大提高。这种玩法也容易让那些能力还可以的小团队复制，结合"社群＋直播"的方式快速复制成新的团队。

视频号的出现，对于一些社交平台也是一种升维打击。很多在社交平台开店或者是当团长的,之前都是在平台内直播,是在给平台导流,但是现在有了视频号,团长就不用这么做了,可以建立自己的IP、积累自己的私域用户了,而且不用过分依赖平台,可以借助自己的私域社群让自己在视频号生态里"出圈",让更多圈外的人认识你,甚至成为你的代理。

视频号+社群电商

视频号的出现,最大的利好就是社群电商将会迎来爆发期。社群电商能否稳健发展,关键在于私域社群的打造。当下很多人认为私域就是微信群,认为把用户规模做大就是最好的,然而我们提出的"社群电商"并非单纯重视规模,更加强调的是一个社群通过精细化运营之后,建立起场景化的社群运营体系、组织体系、商业体系、文化体系。只有打造出一个品牌化的社群,链接1000人以上的铁杆用户,才有机会构建一套完整的社群电商变现模式。

什么是社群电商

上文和大家分享了内容电商、社交电商、直播电商,现在还有小程序电商、社群电商,是不是开始分不清了?笔者在这里给大家画了一张图,如图5-15所示,是不是比较清楚了?社交大于一切,至于后面提到的电商,都是在不同的场景载体中特定的指向。"微头条+付费专栏""公众号+小程序商城"是内容电商;"抖音直播+抖音小店""淘宝直播+淘宝店"是直播电商;"see小店铺+个人号+社群"是小程序电商,等等。不同的载体,叫法不一样,但是本质差不多,直播电商的核心不就是内容和社交互动吗?内容电商的核心不就是人吗?直播可以是呈现内容和人的载体,是社交电商的一种表现形式。

社交电商 ＝ 内容 ＋ 直播 ＋ 小程序 ＋ 社群

图 5-15 社交电商的关系链

电商体系的关系

很显然，社群电商的核心载体是社群，但这并不意味着直播、内容、小程序这些就不需要了，在微信社群生态中，这些功能都属于商业的基础设施。我们的成交转化设计是安排在社群里的，这种商业行为称之为社群电商。

社群电商的核心是精细化运营，激活社群成员的关系，建立良好的"人脉裂变"机制。社群电商不会颠覆传统电商或者移动电商，而是两者的深化与延伸，它是社群经济的表现形式。从某种意义上来说，社群电商是一套客户管理体系，通过客户的社群化充分激活企业的沉淀客户。它抛弃了传统的客户管理方式，将每一个单独的客户通过社交网络工具进行了社群化改造，利用社会化媒体工具充分调动社群成员的活跃度和传播力。社群电商模型不仅适用于传统电商，也适用于社交电商，甚至也适用仅仅通过社交工具进行分销的微商、社区团长、实体店。

如何玩转"视频号+社群电商"

如果我们想在微信生态里做生意，尤其是视频号出现之后，要跟上这一波私域社群电商的风口，就必须结合视频号做好三件事：

第一件事：做大自己的 IP 势能

在微信体系内，做大势能最好的办法只有三个：一是做社群矩阵，二是拼命输出内容，三是有超级真爱的铁杆粉丝人群。当你是冷启动的时候，要用社群来筛选喜欢你的潜在人群，通过精细化的运营和付费机制找到第一批铁杆粉丝人群；再借助铁杆粉丝人群的力量帮你做裂变，构建社群矩阵，依托这个矩阵开始内容输出并进一步壮大你的铁杆粉丝人群，依次阶段性循环操作，铁杆粉丝人群越多，你的势能就会越大，关键在于你的内容和投入运营时间的多少。

第二件事：做精细化运营

我们的"视频号就是冲锋号"群里有一个群友说，他在做视频号直播时只有3个人在看，都没信心做下去了。这个现象就说明认识他的人不多，证明他平时并没有在社群板块投入很多时间。没有精细化的运营，就不会让用户感动，做社群精细化的运营首先要感动自己，然后才能感动用户，要快速扶植一批你的 KOL 才行。

第三件事：内容、内容、内容

社群的线上运营，内容是核心。内容可以为你引流，也可以让用户对你有更多的了解，更有利于帮助你聚合资源，塑造在用户心中的专业地位。

"视频号+私域社群+个人品牌"已成为微信社群商业的标准打法，如何构建一个适合自己企业的"私域社群电商"闭环成了所有在视频号淘金的玩家应该考虑的问题。"视频号+"是对场景边界的突破，这个场景既可以是实体店场景，也可以是线上直播间场景，正是因为有这样的链接属性，让我们可以把"IP打造+内容输出+用户运营+产品变现"融入视频号体系里。在我们的实践中，发现视频号直播要做得好，少不了以下7个方面：

①封面图要高清
②标题要起得好
③直播号主要有影响力

④直播的内容要有干货

⑤直播间的空间布置要好

⑥主播的颜值要高

⑦直播要提前在社群中预热

这些方面决定了你的直播间的人气,当然直播间的互动、答疑、福利抽奖等是促活必不可少的。我们要熟悉"直播间"的可视化社群运营玩法。互动得好,就很容易把直播间的氛围活跃起来,直播间的变现也就容易了。

结合私域社群的精细化运营,"视频号+"的链接价值才能发挥出来,我们发现微信生态的流量法则是双向的,视频号可以借助"社交裂变+算法机制"导流到个人号、社群,也可以通过话题功能将社群、朋友圈的流量引导到视频号、小商店、公众号,建立"双域流量"的圈层化私域流量生态。

围绕"私域社群"的模型,我们可以大胆构建一套圈层化的社群电商玩法,视频号成为社群的公域流量池,也是私域社群运营的手段。为方便大家理解,我们一起来看图5-16:

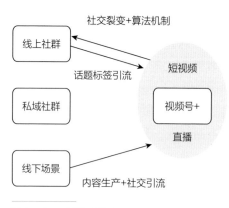

图5-16 双域流量模型

如何借助视频号打造私域社群电商呢？在线上，我们结合精细化的运营玩法构建"私域社群+视频号直播+小商店+话题标签""私域社群+视频号短视频+公众号链接入口+话题标签"等流量变现的场景；在线下，我们在门店、社群大会现场鼓励每个人都拍视频、开视频号直播，建立以人为中心的社交圈层裂变玩法，利用视频号自带的功能，如点赞、收藏、分享、评论、话题等驱动"朋友在看"突破社交圈层的隔阂，让每一个号主都有机会"破圈"，从而获取更多的公域流量。

"内容即 IP，社交即流量，互动即信任，信任即变现"成为当下"视频号+社群电商"的关键法则。我们要牢牢抓住视频号在微信生态的价值，也需要用心地精细化运营自己的铁杆粉丝社群，这两者已经成为私域社群电商的黄金搭档。我们每个普通人都有机会从"私域社群"开始突围，并通过"视频号+"的方式"破圈"、获取更多的公域流量，建立视频号的 IP 形象。

我们和大家分享了内容电商、直播电商、社交电商、社群电商的玩法，但是它们在微信生态内都属于私域电商，是视频号的一小步，是微信生态内每个创作者的一大步。截止到 11 月 21 日，视频号的各项功能基本完备了，已经符合私域电商的打法需求，下一步的关键在于你对 IP、私域社群经营、内容投入、大咖助力、变现产品设计等有没有思考清楚，从而构建这个闭环。实际上，视频号已变成了我们所有人的"IP 衍生器"，人在哪里，就可以在哪里玩视频号，就可以生产内容，就可以随机变现，而我们唯一要做的，就是坚持、坚持、坚持，逐步调整好"IP+内容+场景+产品+社群经营"的关系，就有机会抢得这一波红利。私域电商时代已经彻底到来，腾讯的电商梦也有机会实现了，你准备好了吗？

后 记

视频号就是冲锋号

感谢你有兴趣和耐心读到最后，这本书是我和青木老师、九姑娘老师联合撰写的，他们二位都是社群运营领域的实战专家。如果你看完本书后有不同的想法，或者按照本书实践取得了一些成绩，欢迎与我们联系反馈，在书的封面上有我们三位的联系方式。

在本书的最后，再做一些简单的总结：

视频号作为微信生态的战略级产品，诞生一年多以来，已经将微信生态全部打通，成为连接人、内容、交易的重要窗口。如果说2020年是视频号的开启之年，那么2021年就是视频号的爆发之年，无数个体和企业已经涌入视频号这个庞大的流量入口，探索视频号的机会。

视频号的真正机会是"视频号＋"。

不是"视频号"厉害，是"视频号＋微信生态"厉害。如果没有12亿用户的微信生态做基础，视频号只是一个三流的短视频平台，在抖音、快手面前丝毫没有竞争力。视频号有可能是以"下一个10年的互联网入口"的高度来定性的，接下来有可能是微信互联网的10年。微信诞生11年来，依然是当下流量最安全、变现能力最强、利润最高的生态，依然是流量的金矿。如果你的生意离不开微信，那么视频号一定要做。因为视频号一边连接着12亿微信用户，一边连接着微信生态中的个人号、企业号、公众号、直播、小程序商城、微信小商店等。我们要的一切，都可以通过"视频号+"无缝而又顺滑地打通。

视频号的底层逻辑是"私域流量"。

在视频号里,点赞即推荐。在别的短视频平台,一个赞可能就是一个赞,视频号里的一个赞可能会带来一众朋友圈的人脉,这就是视频号独特的社交推荐机制。视频号作品推荐的第一阶段需要借助私域流量,把自己的视频号作品首先分享到朋友圈、微信群作为冷启动的基础。内容越好,微信好友越多,冷启动就越容易。依据同样的原理,视频号直播是私域直播,也需要分享到朋友圈、微信群才能给直播间带来人气。

视频号是连接12亿用户个人私域空间的最佳载体,"视频号+私域流量"是留存用户、提升业绩的法宝。如果你是依赖微信做生意的读者,想倍增业绩,一定要把微信生态里的视频号营销和私域流量精细化运营做到位。视频号的底层逻辑是"私域流量","私域流量"正好可以用视频号、视频号直播进行激活和赋能。

视频号的灵魂是直播。

内容是无限增长的流量入口,写文章、拍短视频、做直播,本质上都是在输出内容,是在用内容连接用户和筛选用户。相对于写文章,拍短视频的门槛低了很多。相对于拍短视频,直播的门槛又低了很多,人人都可以直播。眼下对广大个体和企业而言,最大的趋势就是"私域直播"正在加速崛起。

视频号和视频号直播,更像是个人和企业的一张超级名片和量身定制的"电视台",它是一个快速提升影响力的放大器,也是个人和企业的"橱窗"。现在已经有很多个体以及超过六成的商家把直播作为常态化营销方式,直播不仅可以获取精准的粉丝,还可以卖货、招商,将线上线下打通。微信也正在加大视频号直播的权重，优化直播间的功能和体验，或许视频号的灵魂就是直播，私域"视"商的时代要到来了。视频号+直播+小商店将开启真正意义上的"全民直播带货"。

用"视频号+"完成数字化转型升级。

对于最广大的中小微企业来说，微信生态大有可为。微信已经完成了12亿人的数字化，而数字化转型的核心就是"人的数字化"，不管人在线上还是线下，我们只要连接上"人"就是在数字化了。如果我们过去的营销方式、商业模式效率已经变低了，尝试了很多办法依旧不见效，可以换条新赛道、新路径，用"视频号+"，用微信连接我们的用户，通过"视频号+微信生态"完成公域、私域的转换，就可以用最低的成本完成"线上线下一体化"的数字营销转型。

视频号就是冲锋号！

做视频号是一场长跑，不是比谁跑得快，而是比谁准备得更好，坚持得更长！做视频号没有标准答案，所有人都在摸索。那些已经做出影响力的视频号博主，也是通过不断摸索找到了自己最舒服的表达方式和变现方式。

2021年，视频号内容创作者的春天才刚刚到来，短视频和直播依然是挖不完的"富矿"。要做好视频号，最重要的是第一时间"去做"，做不好更要做，不去做永远做不好，做多了就慢慢地变好了。视频化表达是极其个性化的，每个人的做法都不一样，只可借鉴、模仿，而创新只能在实践中。做视频号不要想太多，直接去做，在做的过程中才会慢慢弄明白。

视频号就是冲锋号！视频号是每一个人的视频号。为了做好视频号，我在2020年10月发起成立了"视频号就是冲锋号"社群，这是一个视频号创作者联盟，目前已有60多个联盟社群，聚集了10000多名视频号博主和100多名行业意见领袖，已经在视频号领域有了一定的知名度和影响力。

在发起成立"视频号就是冲锋号"社群过程中，我们得到了众多联合发起人的大力支持，在此一并表示感谢，他们是：郝祥、钟绮蕾、李海波、于杰、许晓清、张长建、朱恺、田孟学、王桥通、李校峰、于聲娜、周丽、刘艺。

最后感谢在冲锋视频号的道路上，一路同行的朋友们，他们是：吴定秀、蒋美芬、王丽娟、李鸿雁、胡冬成、朱胜美、李静娴、宣珊芬、成佳怡、单言艳、陈菲、江铁成、李超、陈丹、林海民、张秀、李洋、杜崇辉、翟瑞霞、李丽、杨利君、王茗、周慧玲、黄丽、奚群英、董禄欣、舒斌、文帅钦、韩丽、龚玉琳、刘高伟、肖玉梅、窦金洁、杜红、彭滢榕、钱明理、陈正美、闫子云、苟翠花、丁马、王斐、依兰、赵光毕、王川、苏苏、西攘卓嘎、翁泳沁、王子健、赵海山、袁瑶、孟春霞、方永成、邵荷芳、邓娟红、张宏量等。

感恩大家的一路同行，我们才能走得更远！